中华传统文化

走进齐文化

第十一册

11

《中华传统文化——走进齐文化》编委会 编

中国社会科学出版社

图书在版编目(CIP)数据

中华传统文化:走进齐文化:全十二册/《中华传统文化——走进齐文化》编委会编． —北京：中国社会科学出版社，2023.6（2023.11重印）

ISBN 978-7-5227-2077-7

Ⅰ.①中… Ⅱ.①中… Ⅲ.①齐文化—青少年读物 Ⅳ.①K871.3-49

中国国家版本馆 CIP 数据核字(2023)第 105321 号

出 版 人	赵剑英	
责任编辑	孙婷筠	
责任校对	牛 玺	
责任印制	戴 宽	
出 版	中国社会科学出版社	
社 址	北京鼓楼西大街甲 158 号	
邮 编	100720	
网 址	http://www.csspw.cn	
发 行 部	010-84083685	
门 市 部	010-84029450	
经 销	新华书店及其他书店	
印刷装订	北京君升印刷有限公司	
版 次	2023 年 6 月第 1 版	
印 次	2023 年 11 月第 2 次印刷	
开 本	710×1000 1/16	
印 张	95	
字 数	1505 千字	
定 价	163.00 元（全十二册）	

凡购买中国社会科学出版社图书，如有质量问题请与本社营销中心联系调换
电话：010-84083683
版权所有　侵权必究

《中华传统文化——走进齐文化》编纂委员会

主　　任：崔国华

副 主 任：张锡华　王先伟　刘建伟　段玉强　王　鹏　冷建敏
　　　　　刘　琳　罗海蛟

名誉主任：张成刚　刘学军　宋爱国

委　　员：（以姓氏笔画为序）

王　宏　王　凯　许之学　许跃刚　孙正军　孙林涛　孙镜峰
李安亮　李新彦　李德乾　张建仁　张振斌　韩相永　路　栋

《中华传统文化——走进齐文化》编审人员

主　　编：徐广福　李德刚

副 主 编：王　鹏　朱奉强　许跃刚　李新彦　吴同德　于建磊
　　　　　闫永洁

编写人员：（以姓氏笔画为序）

于孝连　王会芳　王桂刚　王景涛　边心国　齐玉芝　李东梅
张爱玲　赵文辉　高科江　袁训海

《中华传统文化——走进齐文化》本册编委

本册主编：于孝连

副 主 编：王海霞　于金河

编　　者：于海燕　巩玉雪　赵　燕　崔秀云
　　　　　周宏臻　刘　丽　李红红　张其山

美术编辑：李金爽

前　言

　　齐文化是中华民族传统文化的重要组成部分，它所具有的鲜明的开放、包容、务实、创新的文化精神，不仅在我国古代社会产生过重大影响，而且已经穿越时空，历久弥新，对今人依然有许多启迪和借鉴意义。

　　《中华传统文化——走进齐文化》编写委员会以教育部《完善中华优秀传统文化教育指导纲要》为指针，从传统文化与时代精神的结合上把握齐文化的特点，遵循青少年身心发展规律和教育规律，面向中小学生，一体化设计本书的编写内容与编写体例，使本书由浅入深，由分到总，由具象到抽象，由感性到理性，点面结合，纵向延伸，呈现出层级性、有序性、衔接性和系统性。

　　本书编写以"亲近齐文化—感知齐文化—理解齐文化—探究齐文化"为总体编写思路。

　　小学低年级（一至二年级），以滋养学生对齐文化的亲近感为侧重点，开展启蒙教育，培育热爱齐文化的情感。

　　小学高年级（三至五年级），以提高学生对齐文化的感知力为侧重点，开展认知教育，使学生了解齐文化的丰富多彩。

　　初中阶段，以增强学生对齐文化的理解力为侧重点，开展通识教育，使学生了解齐国历史的重要史实和发展的基本线索，以及齐地风俗，赏析齐国的文学艺术和经典名著选段，提高对齐文化的认同度。

高中阶段，以提升学生对齐文化的理性认识为侧重点，开展探究教育，引导学生认识齐文化形成与发展的悠久历史过程，领悟齐人创造的物质文化、制度文化和精神文化，探究齐文化的重要学说，发掘齐文化的历史价值和现实意义，弘扬和光大齐文化。

基于上述编写的指导思想与编写思路，本书在编写过程中与时俱进，注重齐文化教育与践行社会主义核心价值观相结合，齐文化教育与时代精神相结合，课堂学习与实践教育相结合，学校教育、家庭教育与社会教育相结合。

正如经济领域有第一产业、第二产业、第三产业一样，教育领域也有第一课堂、第二课堂、第三课堂。本书的编写意在为中小学生的第三课堂提供一套系统化的齐文化"课程"。从小学一年级到高中三年级共计十二册，学生经过十二年的序列化学习，逐步深入了解齐文化、继承齐文化，并创新性地发展齐文化。青少年学生通过亲近、感知、理解、探究齐文化，以此弘扬爱国主义精神，培养家国情怀，提升文化自信力，为实现中华民族伟大复兴的中国梦奋然前行。

《中华传统文化——走进齐文化》编委会

2023年2月

目录 MULU

第一单元　齐国的生态文化

第1课　齐国的自然生态 ………… 2
第2课　齐国的人文生态 ………… 5

第二单元　齐国的政治文化

第3课　民为邦本 ………………… 10
第4课　重法尚礼 ………………… 14
第5课　义利并重 ………………… 17
第6课　齐国的政治制度 ………… 20

第三单元　齐国的经济文化

第7课　齐国的农耕文化 …………… 24
第8课　齐国的工商文化 …………… 30
第9课　齐国的海洋文化 …………… 35
第10课　齐国的经济制度 ………… 39

第四单元　齐国的军事文化

第11课　尚武崇智 ………………… 45
第12课　名将辈出 ………………… 48
第13课　军事学研究 ……………… 53
第14课　齐国的军事制度 ………… 58

第五单元　齐国的科技和文学艺术

第 15 课　昌盛的科学技术……… 63
第 16 课　辉煌的科技成果……… 68
第 17 课　繁荣的文学…………… 74
第 18 课　发达的音乐…………… 79

第六单元　齐国的教育文化

第 19 课　终身之计……………… 85
第 20 课　稷下学宫……………… 89
第 21 课　一民同俗……………… 94
第 22 课　四民分业……………… 98

第七单元　齐国的生活文化

第 23 课　饮食………………………… 104
第 24 课　服饰………………………… 108
第 25 课　居住………………………… 112
第 26 课　交通………………………… 115

第八单元　齐国的精神文化

第 27 课　主变合时的革新精神………… 119
第 28 课　海纳百川的开放精神………… 124
第 29 课　因地制宜的务实精神………… 128
第 30 课　兼容并蓄的包容精神………… 132
活动与探究　齐文化对后世的影响概述… 136

第一单元 齐国的生态文化

"春秋五霸之首,战国七雄之一"的齐国,幅员辽阔,山河壮美,又紧邻大海,地理环境独特。

齐国山水,久负盛名。牛山,巍峨雄伟,是古代齐国的游览胜地。牛山北麓的天齐渊,古已有名。牛山脚下,淄河浃浃,北流而去,滋润了齐国大地,孕育了齐国文明。泉流汇聚的系水河,穿城而过。还有西北部齐国大会诸侯,马踏而成之湖。在齐国八百年历史长河中,更是蕴含了丰富的人文生态文化,齐国人有一种舒缓悠闲的生活方式,他们大度而无所拘泥,善于处事,足智多谋。人们与自然和谐相处。

本单元,我们将探寻齐国自然与人文的影子,去领略这八百载历史中的生态文化。

第1课　齐国的自然生态

齐国有独特的地理环境，三面环海，境内山原相间，利于发展。

齐国的地理环境

齐国位于今天山东大地，南面是泰沂山脉、鲁中丘陵的北缘，大约三四十华里处有牛山、稷山等，东边有淄水，西边有时水（今乌河），西北有系水。地势南高北低，并向东北倾斜，南北最大落差四百米。由南向北地势逐渐变缓，依次分布着低山丘陵和山前平原、微斜平地、浅平洼地等地貌单元。齐地的土壤，土层深厚，质地适中，土体构造良好。齐国的东、南、北三面环海。

齐国地理图

齐国的疆域变化

齐国初封于营丘（今山东省淄博市临淄区与山东省昌乐县皆称为古营丘地，史学界尚有争论）。疆域最初只在今山东北部，东与纪、莱，西南与鲁，北与燕、卫为邻。

春秋中期，齐国成为"春秋五霸之首"，疆土扩大到山东东部。疆域东到海，西到黄河，南到泰山，北到无棣水（今河北盐山南）。

战国时期，齐国的姜氏政权为田氏所代，史称田齐。战国之初，齐国疆域与春秋晚期略相近似，至威、宣王时期，齐国成为"战国七雄之一"，强盛一时，史载齐此时"最强于诸侯"，齐国疆域此时已北至天津以西，西至河南以东，南抵安徽、江苏近鲁地区。《史记·田敬仲完世家》载：齐"地方二千余里，百二十城，带甲数十万，粟如丘山"。

齐国独有的地形和地理位置为工商业发展奠定了基础

　　首先，齐国境内有大面积的平原，适合农业生产，粮食产量高，军粮储备足。北有黄河，南有丘陵，都是御敌屏障。在平原和大海之间，齐国又有很多山脉丘陵，齐国的先人们为抵御外敌的入侵，依靠这些山脉丘陵，修建了防御工事，就是著名的齐国长城，西起黄河崖之防门，经泰山北麓，横穿多个地区，全长千里，蜿蜒于南部诸山之巅，远望如带，近看似岭，颇为壮观。

　　齐国独有的地形和地理位置为工商业发展奠定了基础。齐国三面靠海的地理位置，进可攻，退易守。浩瀚的大海、漫长的海岸线和众多的港湾，为其提供了丰富的鱼盐资源。其次，齐地多低山丘陵，其中夹杂着很多平原，山丘宜植桑，平原宜种麻。最后，当时齐地的水陆交通都比较方便。诸多的有利因素使得齐国的工商经济迅速发展起来。

长　城

故事链接

　　牛山位于临淄城南七公里处，海拔一百七十四米，山体植被丰茂，山顶林木秀美，日间云气蒸腾，入夜水气凝聚。自春秋战国以来即负盛名，被视为临淄名山之一，清代把"春回牛山雨蒙蒙"列入临淄八大景。

关于牛山的传说有很多，其一是相传牛山之名起于姜太公。姜太公被封于齐地营丘，他在来齐国的路上走，这天，他乘月色赶路，不远处有一头牛在前领路，一直把他带到淄河边。牛不见了，摆在面前的则是一座巍峨的山，姜太公便把这山叫作牛山。

战国时期的孟子登临此山时曾发出过"牛山之木尝美矣"的赞叹，三国时期才高八斗、七步成诗的曹植，晚唐诗人杜牧、清代文人赵执信都曾在登临此山后留下了赞美牛山、慨叹历史兴亡的传世佳作。

明、清两代有人勒石立碑，植树造林，不几年，绿茵遍地。阳春三月，温泉水气升起随风飘荡，似薄雾，如细雨，抚面吹来，沾衣欲湿，被称为"牛山春雨"。

如今，每年的牛山庙会又称"赶牛山"，已被列入省级非物质文化遗产。

讨论交流

认真阅读本文，以小组为单位，交流下面几个问题：你知道今天的临淄有哪些山与河流吗？齐国的地理位置和地形情况对齐国的经济与文化发展有哪些影响呢？

拓展活动

古老的齐国有着八百余年的历史，临淄是齐国的故都。作为一名临淄人，更应熟悉和了解自己的家乡。将临淄的山水风光介绍给身边的人。请以"家乡的美"为题，写一篇文章，抒发自己对家乡的感情。

参考文献：《齐国故都临淄》（齐鲁书社）（于海燕）

第2课 齐国的人文生态

齐国独特的地理环境也造就了齐国独具特色的人文生态。沿海文化的民情风俗有自己的特点。司马迁就评价说，齐国"民阔达多匿智"。（《史记·齐太公世家》）"其俗宽缓阔达，而足智，好议论，地重，难动摇，怯于众斗，勇于持刺，故多劫人者，大国之风也。"（《史记·货殖列传》）齐国人有一种舒缓悠闲的生活方式，有阔达包容的处世之风，人们足智多谋。

舒缓

姜太公封齐建国，仅过了五个月，就安定齐国，向周公汇报在齐国施政的情况。周公感到很惊奇，便问他说："怎么这么快啊？"姜太公回答说："我简化了君臣之间的礼节，顺应当地风俗，所以这么快。" 民间风俗习惯是一种普通的社会现象，它是不同民族、不同地区的人们，在长期的社会生活中逐渐形成并共同遵守的行为规范。由于它是社会生活方式和民族文化整体的重要组成部分，是社会环境中最稳定的因素，因此顺应民俗可以起到稳定社会秩序、安定民心的作用，有利于统治和管理。"因俗简礼，平易近人"是姜太公建国的三大基本国策之一。他给齐国带来的舒缓、达观的国风、自由开朗的民风，为齐国称霸春秋，威冠战国七雄，奠定了良好的基础。

齐国雄厚的经济基础为齐国人悠闲的生活方式提供了坚实的保障。物质的富裕为齐国人民带来了丰富多彩的文化生化，培育了齐人良好的精神状态和优雅的风度，提升了人生品位。如《战国策·齐策一》中说："临淄甚富而实，其民无不吹竽鼓瑟，击筑弹琴，斗鸡走犬，六博踢鞠者。"再如，《汉书·地理志》说："（齐人）舒缓阔达。"意为沉着镇静，举止从容，优雅大方，豁达而不拘泥，一派绅士风度。

音乐是齐国人文生态的重要组成部分,齐国的音乐发展历史和成就向我们勾勒出了齐国人热爱劳动、热爱生活、热爱生命、追求和谐的社会画面。齐桓公时期到春秋末期,是齐国的音乐文化大发展的时期。上至国君,下至平民,奏乐和赏乐蔚成风气。

编 钟

当时的齐国宫廷是"钟鼓竽瑟之声不绝……和乐倡优侏儒之笑不乏"。齐都临淄可谓是一座名副其实的音乐城。

大度

宽容大度是人的一种美德,能容人就能团结各种人,受人拥戴;心胸狭窄,不能容人,结果必是孤家寡人。宽容大度,有利于己,有利于人,更有利于社会。

齐国丰实的经济基础使得齐人先行富裕了起来,但是富裕起来的齐人都有着周济穷苦人致使共同富裕的义举。比如晏婴将丰厚的俸禄泽施三族、朋友和百姓。再如,范蠡辅佐越王勾践完成雪耻图霸大业后,经商求富,往来于临淄、陶邑之间,一生三致千金,皆分给穷苦百姓。齐桓公也是大度的代表人物,他不计前嫌,对和自己有"一箭之仇"的管仲不但不治罪,还任命他为相,让他管理国政。管仲帮着齐桓公整顿内政,开发富源,大开铁矿,多制农具,后来齐国就越来越富强了,实现了齐国的霸业。陈完有经天纬地之才,仪表堂堂,言谈不俗,也被齐恒公封管齐国所有工艺制品,由于他做事出色,齐恒公封赏好多田地给他。

足智

齐人足智多谋,在既是"膏壤千里,粟如丘山",又是风炎土灼的齐

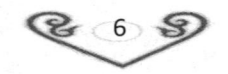

国大地上，曾经孕育了中国智谋家的鼻祖姜子牙、旷世奇才管夷吾、足智多谋的晏平仲、滑稽善变的**淳于髡**等灿若群星的历史名人；曾经产生了我国最早的百科全书《管子》，人类兵学的圣典《孙子兵法》等大批优秀的古代文化典籍；曾经出了我国也是世界上的第一个智囊机构——稷下学宫。他们作为文化的主体和载体，创造和承载了丰富的智慧和谋略，并营造了齐人足智的性格和氛围。

"因其俗，简其礼①"的治齐原则；"与时变，与俗化"的变革观念；"尊贤智，尚有功"的用人方针；尚礼仪，重法治的政治传统；"通商工之业，便鱼盐之利"的工商政策；"来天下之人，聚天下之财"的开放思想；尊王攘夷②，不战而屈人之兵的称霸方略；围魏救赵、火牛破阵的取胜战术；"上兵伐谋""庙算③全胜"的妙计；"不羞小节，而耻功名不立"的人生追求；晏婴二桃杀三士，孙膑赛马……凡此，无不闪射着齐人智慧的光芒。因而《史记·齐太公世家》说："（齐）其民阔达多匿智，其天性也。"《汉书·地理志》说："（齐）其士多好经术，矜功名，舒缓阔达而足智。"

注释：

①因其俗，简其礼：太公到齐国后，修明政事，顺其风俗，简化礼仪，开放工商之业，发展渔业盐业优势，因而人民多归附齐国，齐成为大国。

②尊王攘夷：尊，尊崇。攘，排斥、抵御。这则典故的原意是尊奉周王为中原之主，抵御北方游牧民族。后来成为面对外族入侵时，结成民族统一战线的同义词。

③庙算：指战役之前的战略筹划。"庙算"作为先秦时期对军事决策实践活动的概括和总结，主要体现了这一时期军事决策的特点。

讨论交流

阅读课文，小组讨论交流：齐文化人文生态中的舒缓、大度和足智分别表现在哪些方面？你所知道的哪些齐国故事是与此相关的，请和同学们一起分享吧！

拓展活动

大度意味着胸怀开阔、气量宽宏，足智意味着富有智慧。请你联系自己和身边熟悉的人，以"大度、足智"为主题，写一篇精炼的文章。

参考文献：《齐文化发展史》

第二单元 齐国的政治文化

齐国建国之初，姜太公就根据齐国的实际情况，制定了一系列制度，为齐国的发展打下了坚实基础。桓管改革，各种制度更加完善，齐国曾"九合诸侯，一匡天下"。威王时期，围魏救赵、马陵败魏，天下诸侯为之震动。战国后期，亦是可与秦国分庭抗礼的大国。齐国的辉煌与其政治体制有着密切的关系。

齐国在勤政安民、富国强兵、争霸称雄的实践活动中大胆探索，对古代的政治制度和政治思想多有继承和创新，从而形成了一系列具有特色的齐国政治制度。本单元主要从民为邦本、重法尚礼、义利并重、齐国的政治制度四个方面进行解说。

中华传统文化

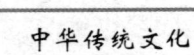

第 3 课　民为邦本

"水能载舟，亦能覆舟。"在中华民族古老的文明史中，许多贤明圣哲、志士仁人，都深刻认识到了这一治国安邦的道理。齐国的统治者对这一观点的认识也相当深刻，认为政策政令的好坏，要以民心向背这把尺子来衡量。

基于这种认识，齐国的统治者和政治家采取了一系列爱民、富民、教民、惠民的措施，体现出重要的民本思想。

知识链接

"以民为本"的思想诞生于春秋战国时期。"民"就是老百姓的意思，与"君"相对。"以民为本"，用孟子的话说，就是"民为重，君为轻"。在唐朝以前，只有"以民为本"，没有"以人为本"。唐太宗李世民当了皇帝之后，为避皇帝的讳，"世"改称"代"，"民"改称"人"。于是，"以民为本"就成了"以人为本"。但在唐朝，意思并没有变。

"民为邦本"思想传承　齐国，在姜太公封齐时方圆不足百里，但在历代君主的努力下，却发展成为春秋五霸之首，关键一点就是自太公起就贯彻了民为邦本的治国方略。姜太公认为："天下非一人治天下，乃天下之天下。同天下之利者，则得天下，擅天下之利者，则失天下。"主张"为国之大务""爱民而已"。在爱民的措施和实践上，则反对巧取豪夺、搜刮民财，主张对百姓要"利而勿害，成而勿败，生而无杀，乐而无苦，善而无怒"。（《六韬·文韬》）认为只有

> 《六韬》是一部集先秦军事思想之大成的著作，《六韬》用周文王、武王与吕望对话的形式，论述治国治军和指导战争的理论原则，被誉为是兵家权谋类的始祖。

得到民心，才能得到国家，得到天下。作为统治者，要与广大的民众同呼吸共命运，办事情要符合广大民众的心愿。要治国安家，就必须得到民心，得到民众的支持。

姜太公的"民为邦本"的思想通过管仲、晏婴在齐国得以发扬光大。这种思想的传承在一定程度上顺应了历史发展规律，促进了齐国的发展壮大。

爱民、教民、养民思想 姜太公为政十分注意顺从民意，体恤民情。为了获得民心，他在社会上推行爱民、教民和养民的政治策略。

在姜太公看来，善于主持国政的人，治理百姓就如同父母疼爱自己的子女，就像兄长爱护自己的弟弟，见他们饥寒交迫就为他们分担忧愁，见他们劳苦就为他们分担。对他们赏罚就如同加在自己身上，征收赋敛就如同从自己这里拿走财富，这就是"爱民"的思想。

"教民"意思是说，对那些孝敬慈爱的百姓，就要尊敬爱戴他们，对于那些不辞劳苦从事农桑的人，就要慰劳勉励他们，对那些廉洁爱民的官吏，要增加他们的俸禄。

在姜太公看来，作为统治者，也要注意"养民"。平民百姓，务农种桑，统治者不要耽误他们的农时。要薄赋敛，不让他们财务匮乏，要少派徭役，不让他们过于劳苦。要收养天下的鳏寡孤独者，要救济和赡养家中遭祸亡的人。

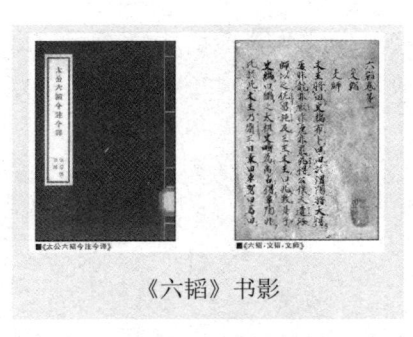

《六韬》书影

通过推行爱民、教民、养民的策略，齐国达到了空前的国泰民安，为齐国经济的发展和国力的强盛创造了良好的社会条件。

九惠之教 春秋战国时期，是我国社会的一个重要转折时期，其社会结构发生了重大变化。为了稳定民心以及加强对人民的统治，齐国统治者根据社会现状，推行"九惠之教"，在社会上推行社会福利。以期达到社会稳定的目的。

"九惠之教"包括九个方面的社会福利政策。

首先是"老老",即尊重并赡养老人。其次,"慈幼",即为幼儿的生长创造良好的生活环境。三要"恤孤",对受饥寒和身体瘦弱的孤儿进行救助。四要"养疾",国家管理生活不能自理的残疾人。五要"合独",即国家帮助群众鳏寡相配。六要"通穷",即要救济社会上的贫穷人士。七要"赈困",国家在凶灾之年,发放粮仓救济受难人民。八要"问病",设置慰问病人的专职官员。九要"接绝",负责祭祀死于战争的人士。

"惠"字的书法作品

故事链接

姜太公祠于1993年在山东省淄博市临淄区太公衣冠冢北旁重建,为中国明清传统的殿堂庙宇式布局形式,大门的门楣悬有中国宗教学会会长赵朴初老先生题写的"姜太公祠"四个大字,大门两侧供奉有高大威武的青龙、白虎两星君。主殿内正中供奉着姜子牙彩绘圣像、两侧供奉有齐国的第二代国君齐丁公和第十六代国君齐桓公的圣像。殿壁上的壁画,表现了姜子牙的生平事迹,主要内容有:姜氏封吕、贫困生涯、弃官避纣、著书立说、渭水垂钓、孟津会盟、牧野大战、封齐就国、与莱争丘、严罚不训、周王授权、传子归周。

讨论交流

1. "民为邦本"思想在齐国是如何发扬和传承的，爱民、富民、养民具体包括哪些方面？

2. 齐国在社会上注重推行社会福利，表现为"九惠之教"，请说一下"九惠之教"都包括哪些方面？就当下中国在建设社会主义和谐社会方面的政策，交流一下想法。

拓展活动

太公曰："天下非一人之天下，乃天下之天下也，同天下之利者，则得天下；天下之利者，则失天下。天有时，地有财，能与人共之者仁也。仁之所在，天下归之。免人之死，解人之难，救人之患，济人之急者，德也。德之所在，天下归之。与人同忧同乐，同好同恶者，义也。义之所在，天下赴之。凡人恶死而乐生，好德而归利，能生利者，道也。道之所在，天下归之。"

——《六韬·文韬》

此段文字是《六韬·文韬》中关于民为邦本的阐述，请同学们利用课余时间认真阅读《六韬·文韬》，收集与治民有关的语段，进一步了解齐国民为邦本的政治理念。

参考文献：《齐文化发展史》《齐国政治史》

中华传统文化

第 4 课　重法尚礼

先秦诸学派对"礼"与"法"的看法是不同的。

孔子尚德不尚力,他是以德治国、以仁义治天下的代表,在他看来,只有"道之以德"才能提倡,主张用道德教化治理国家。墨子提倡"兼爱""非攻",在治理国家上也主张以德治国,以仁义治天下。道家主张"无为而治",这种"无为"即是道德,仍然是以德治天下的方针。

与儒、道、墨三家相反,法家极力反对以德治国的主张,认为道德教化不仅不能富国强兵,而且会导致国家实力的削弱,甚至会导致亡国。

儒、墨、法、道各家在礼与法的问题上都有一定的道理,但各执一端,十分偏颇。齐国的思想家尤其是以管仲为代表的学派倡导重法尚礼,主张二者相辅相成。

> 子曰:"道之以政,齐之以刑,民免而无耻;道之以德,齐之以礼,有耻且格。"孔子说:"用政令来治理百姓,用刑法来整顿他们,老百姓只求能免于犯罪受惩罚,却没有廉耻之心;用道德引导百姓,用礼制去同化他们,百姓不仅会有羞耻之心,而且有归服之心。"这反映了道德在治理国家时有不同于法制的特点。孔子的"为政以德"思想,重视道德是应该的,却忽视了刑法、法制在治理国家中的作用。

依法治国　夏朝建立的宗法制度在诸侯各国的政治统治中已经显露出很大的弊端,齐国的政治家和思想家已经认识到这一点,并且已经看到民众的力量和作用,于是以管仲为代表的思想家在民本思想的基础上建立起了一系列的法制政策。用法制代替人治,用法来规范臣民的行为,建立安定、和谐的社会秩序,消除纷乱和暴虐。

齐国"尚法"主要表现在以下方面:一是提升法律的地位,把法律作为治理国家的天下大仪,法应当成为治理国家的主要凭借和规范上下的基本依据。二是保持法的长久的稳定性，国家不能擅改法度，大臣百官必须依法办事，并且用法去教育人民。三是"君臣、上下、贵贱皆从法。"《管子》主张用法律构架封建专制的整体。法，具有全国的统一性、公开性和强制性。

兼重礼治 儒、道、墨三家都主张以德治国，齐国的政治家虽然意识到了法治的重要性，但也未忽视"礼治"在治理国家方面发挥的重要作用。《管子》认为"礼"乃治国之经纬，提出礼义廉耻是维系国家存亡的四大纲要。

何谓"礼"，简单地说不超过应守的规范就是礼。在齐国，"礼"的实质已经与君主专制结合在一起，通过一系列行为规范来维护君主的统治地位和齐国的等级制度。

为了贯彻"礼"治，齐国统治者实行了一系列的政策。首先是要明君臣上下之分。统治者认为，行为准则明确了，礼制也就建立起来了。其次，要教训人们知礼守礼。通过教化，化礼成俗，导致人们产生一种近乎本能的自觉守礼行为。若此，社会便出现一种"刑罚省"的和谐状态。

以礼辅法，以法治礼 齐国的政治家和思想家认为礼义教化和厉行法治是相辅相成的，主要内容包括以下方面：

其一，礼义教化和法治刑罚相互补充。《管子》中认为君主能够付出厚爱和厚利，就可以亲近人民，就可以教育人民。要以身作则来引导人民，审定规章制度来防范人民，设置官吏来指导人民。然后再用法令加以约束，用奖赏加以鼓励，用刑罚加以威慑。在治理国家的过程中，礼法不可偏废，不可相互替代，可以相互补充。

其二，礼义道德和法治刑赏相互依赖，相辅相成。

首先"礼"依赖于"法"，"法"作用于"礼"。严于法制，维护法制的权威，依法办事，民众就不敢相互营私；有过必罚，民众就不会做苟且之事，而是会一贯为善；授爵予禄与功德相当，臣民就不会反叛君主。这三种因果关系表明法可以促进道德，法的实施可以帮助礼义转化为习俗。

其次，"法"依赖于"礼"，"礼"作用于"法"。齐国统治者在建立法制、制定政治措施时，往往把"礼"作为参照物。同时，古代的圣明君主刑赏各不相同，都随着时代的变化而变化，顺着"礼"的变动而变动。

故事链接

太公建立齐国后，首先做到的是了解民情，安定民心，排除阻挠。其中，诛司寇营汤以定齐国，显示了太公大刀阔斧治齐的决心。

太公在修治政务中重视以法治国，对那些虽为贤士而不训之民，给予了惩罚。一时间，齐国再也没有违抗命令法规的事情发生，混乱的局面得到了安定。

讨论交流

1. 在齐国思想家看来，法和礼是怎样一种关系？
2. 当下，中国在建设社会主义和谐社会方面，法和礼也有重要意义，大家可以交流一下想法。

拓展活动

利用网络搜集《管子》关于"法"与"礼"的论述，体会两者之间的关系。

参考文献：《齐文化发展史》《齐国政治史》

第5课　义利并重

在当时的社会价值观上重"人"表现为重"义"，重"物"表现为重"利"。齐文化则"义""利"并重，从而区别于儒、法两家。司马迁在《史记·货殖列传》中曾说："天下熙熙，皆为利来；天下攘攘，皆为利往。"

在儒家看来，道德生活比物质生活更为重要。人们执意追求功利，即使国家富强了，也势必使人心堕落而至于不可救药，这是极其危险的。如果不是追求功利，而是注重仁义，即使物质生活差一些，人们也会生活在一种宁谧和谐的气氛之中，社会便能安定。

齐国的政治家、思想家却不同于以上的认识，他们既重视社会伦理道德对社会的影响，又强调物质利益的决定作用，体现出义利并重的辩证思想。

义利观念最早出现于春秋时期，有"义以生利""义，利之本也"等说。儒家学派继承了这种义利观念，并发展为重要经济思想之一的义利观。孔子承认求利之心人皆有之，但不能"放于利而行"，对求利活动必须以"义"制约，要"见利思义"。他提出"君子喻于义，小人喻以利"，给义利思想以道德及阶级对立的内容。

义之七体　齐国思想家非常重视礼义伦理在治国中的作用。《管子》开宗明义，提出了著名的"四维"说。维系国家生存的四维就是礼、义、廉、耻，从这里足以看出齐文化中对于"义"的重视。

什么是"义"？《管子·五辅》中说"义"有七体，即：用孝悌慈惠来奉养亲属，用恭敬忠信来事奉君上，用公正友爱来推行礼节，用端正克制来避免犯罪，用节约省用来防备饥荒，用敦厚朴实来戒备祸乱，用和睦协调来防止敌寇。这七个方面，都是义的实体，也就是义的内容。

齐国思想家认为，人民必须知义然后才能中正，中正然后和睦团结，和睦团结才能生活安定，生活安定然后才有威信，有威信才可以战争胜利而防务巩固。所以"义"是不可不行的。

治国重利　齐国的政治家、思想家非常注重物质利益的决定性作用，虽然在治国方面也讲求"仁义"，但齐国的"仁义"都包含了利的成分。姜太公在《六韬·文韬·文师》中曰："凡人恶死而乐生，好德而归利，能胜利者道也，道之所在，天下归之。"而管子也曾说过："仓廪实而知礼节，衣食足而知荣辱。"可以看出齐国的思想家是把物质利益看得非常重的。

基于此思想，齐国的统治者在治理国家上面，就不仅仅强调德、礼、仁、义，而同时非常注重发展经济。《管子》对经济价值是非常重视的。由于国家重视经济和实行奖勤罚懒的政策，齐国形成了一种努力致富的社会风气。

义利并重价值观　齐国的政治家和思想家认为人们的物质生活决定人们的道德生活，提出了"利""义"并重的价值观。其主要内容包括以下方面：

其一，求利求欲的人性观。管子认为人的本性是求利，人具有"趋利避害"的本性。社会需要做的就是满足人们的欲望，消除人们的威胁，才能赢得民心，使人民心甘情愿地为统治者服务。

其二，"通货积财"的经国观。齐国统治者在治理国家上非常注重物质生活的基础作用，所以提出了有利于经济发展的多种措施。

其三，"知时""勿怠"的功效观。齐国思想家认识到了利用天时对农业生产发展的重要意义，把"务在四时"看作是统治者的首要任务。

其四，"耻功名不显于天下"的人生观。为了实现国家图强争霸的目标，齐国的思想家要求个人都要急国家之大功大利，而不要拘泥于个人的小辱小耻，每个人都要具有胸怀大志、以功名显天下为荣的人生理想。

故事链接

管鲍之交

　　管仲和鲍叔牙是好朋友，两人合伙做生意，在涉及利润分配问题时，管仲与鲍叔牙均不重"利"，而是凸显"谁更需要"的因素。管仲家贫一些，就多拿了一点，鲍叔牙并不介意，鲍叔牙的手下很不高兴，骂管仲贪婪，而鲍叔牙解释说："哪里是念这几个钱呢？他家生活困难，是我自愿给他的。"鲍叔牙的情义，管仲铭记心间，念念感恩，后人方知鲍叔牙之义，这是朋友之义的担当。

　　另一个事情是荐相。鲍叔牙从大义着眼，认为治理天下非管仲莫属，便让贤举荐管仲为齐桓公之相，而管仲"病榻荐相"时，从大义出发，认为鲍叔牙性格不宜为相，就推荐了他人，而鲍叔牙无怨言，表现出义薄云天的美德。

讨论交流

1. 齐国"义"之七体是指什么？
2. 在齐国，义和利是一种什么关系？

拓展活动

　　请同学们利用课余时间选取《管子》中的个别篇目，认真阅读，体会管仲在"义利"方面的思想。

参考文献《齐文化发展史》《齐国政治史》

第6课　齐国的政治制度

官僚制是从世卿世禄制发展而来的，这种政治体制的特点之一是：较之于世卿世禄制，君权向着集中和专制方向发展。

君主权力的强化　齐国君权的加强是在相权被夺和君臣定位的过程中来完成的。春秋时期，齐国有众多的同姓和异姓贵族，他们自己立于朝，任卿大夫，执掌齐国的政权，而且父死子承，世代相传，成为世卿。这些世卿有一定的经济实力和政治主宰权，在一定程度上作为封建堡垒，维护着君主的政权统治，但另一方面，作为分裂割据的根据地，起着限制、剥夺君权的作用。自田氏代齐之后，齐国的贵族经济基础已经无力与国君抗衡了，在政治地位上也开始依附国君。总之，战国时期齐国卿大夫的权力被剥夺了，都集中于国君手里。

纵观从春秋至战国时期齐国政治史的程路，可以发现大致经历了三个阶段：春秋早期，活跃在齐国政治舞台上的是公子集团；春秋中期，当公子集团下降之时，卿大夫集团逐渐上升，政治中心由公子集团移至卿大夫集团；到了春秋末期，士集团逐渐抬头，一部分政治权力由卿大夫转入士集团手中，至战国时期，士集团在政治上终于占了上风。他们的权力不是靠先天的血统高贵，而是凭借超凡的才能从君主那里获取的，所以他们大都尽心竭力地为君主服务。

官僚体制的建立　自齐威王改革后，基本上建构了一套较为完整的官僚政治体制。从中央管制到地方管制的设立，以及任免制度和赏罚监管制度的制定都紧紧围绕君主集权这个中心。

首先，战国时期齐国的中央形成了"王—相、将—五官—众臣"这样一个集权官僚行政体制。在这一系统中，王高居权力的巅峰，相的权力被分割，尤其是相的军权独立出来，由将掌管，这意味着相权的削弱和君权的加强。五官主要是协助国君总理政务的文官。这样，就为君主更好地集权创造了有利的条件。

其次，地方行政系统方面。战国时期，齐国的地方行政系统可分为国君直辖区、国家管辖区和封君采邑三大部分。在国家管辖区，实行县治，这是中央集权的必然产物，郡县两级地方政府都是中央的派出机构，其长官都由君主任命，因而权力便于集中于中央，最后集中于国君一人之手。

再次，齐国的选任制度。随着世卿世禄制度被打破，官员选任制应运而生。战国时期齐国选拔官员的渠道主要有以下几种：

第一，荐举，即臣下通过向国君推荐而得以任用。荐举可以自荐也可以他荐，便于君主更好地吸收利于自己统治的人才。

第二，士人通过上书和游说可被选拔为官。许多纵横游说之士，为了摆脱卑贱困苦的处境，勤奋攻读，凭借三寸不烂之舌游说国君，得以任用。

第三，立功仕进。通过为国家立功，为自己的仕途创造条件。

第四，亲举。依靠亲属、裙带关系进入官僚队伍。这是齐国选任制度中的糟粕。

最后，齐国官员的俸禄和考核制。战国时期，各国对官吏的待遇一般都采用俸禄制，齐国也是如此。官员享受俸禄不享受封地，这是官僚制不同于世卿世禄制的重要特点。同时为了管理官吏，齐国统治者对中央和地方的官吏进行年终考核，视其政绩的好坏给以赏、罚、任、免。

讨论交流

1. 小组讨论：齐国的君主权力是如何巩固的？
2. 齐国的官僚制度又是怎样建立的？

拓展活动

利用网络资源，查阅我国封建社会各个朝代官僚制度的基本情况，做大致了解，并作出评论。

参考文献：《李亚农史论集》《齐文化发展史》《齐国政治史》

第三单元 齐国的经济文化

古齐腹地，泱泱齐风，物华天宝，人杰地灵，浩如烟海的古籍，丰富的历史遗存，记载着古代齐国的灿烂文化，反映着古齐经济文化的繁荣昌盛。远在五十多万年前的山东齐地，就已出现了沂源猿人，与北京猿人同步发展。龙山文化时期，先齐的制陶生产已达到相当高的水平，处于领先地位。齐国建国后，农工商并举，经济初步繁荣。经桓管改革，晏子治齐，威、宣易制、邹忌革新等一系列改革，齐国经济高度发展，农耕之富"粟如丘山"，渔盐之利，"通输海内"，实业之厚，"冠带衣履天下"。农工商并重，多种经营并举，轻徭薄赋，治国富民，盐铁专卖，矿产国有，改革税制，开源节流，量入为出，等等，许多顺应民心的主张和措施促进了经济的繁荣发展，使齐国一跃成为春秋五霸之首，战国七雄之一。

本单元就让我们翻开历史的画卷，从农耕文化、工商文化、海洋文化、经济制度四个方面探寻那被历史尘埃掩盖的齐国经济文化发展的轨迹。

中华传统文化

第7课 齐国的农耕文化

在齐文化恢弘的历史篇章中，闪耀着农耕文化的夺目光彩。新石器时代勤劳、勇敢、智慧的齐地先民较早地进入农业文明阶段，所创造的农耕、制陶、缝纫、建筑等技术达到较高的水平。夏商时期，齐地的农耕文化持续发展，在农具改进、耕作、植桑育蚕等方面形成了自己的特色。春秋战国时期，桓管革新、田氏变法，带来农耕文化的进一步繁荣。

太昊伏羲氏　　炎帝神农氏

本课将从农业生产工具的进步、生产技术的提高、水利建设、大农业的确立、农学巨著等方面来展示齐国农耕文化发展所结出的物质和理论的累累硕果。

知识链接

相传太昊伏羲氏和炎帝神农氏相继兴起于东夷齐地，伏羲氏结绳为网，用来捕鱼猎兽，开启了人类的渔猎时代；神农氏斫木为耜，揉木为耒，教民求耒耜之利，农业由此兴起。炎帝后代后稷也热心农耕种植，被尧举为"农师"，是稷和麦的始种人。此外在大禹治水前也有"舜耕历山（济南千佛山下），历山之人皆让畔"的记载。由此可见齐地的农业文明源远流长。

农业生产工具的进步　生产工具是生产力中的一个重要因素，生产工具的创造和改进是衡量人类征服自然能力的尺度。从考古发掘看齐地先民在新石器时代就能够运用石刀、石镰、石斧、石铲、石锄等。夏、商、周三代，青铜冶铸业日益发达，青铜工具开始应用，但因为青铜比较贵重，所以生产工具仍处于金石并用的时代。春秋时期特别是春秋中后期，铁质农具开始出现，农具由木质进入铁制时代，并逐步应用于农业生产，使大面积开垦荒地成为可能，大大促进了齐国农业的发展。战国时期铁农具普遍应用，在制作工艺上比春秋时期有了重大的进步。农业生产的全部耕作、收获过程中，从耕垦土地、中耕、播种、除草到收获，使用一整套铁农具，这说明农业劳动手段和生产技术的提高，以及耕作技术的改进。

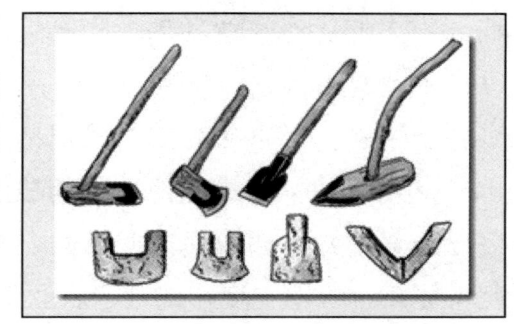

知识链接

1958年临淄考古队对临淄古城进行发掘，发现了不少战国时期的铁制农具，其中有铁犁一件，铁镢两件，铁锄两件，铁镰一件，铁铲一件。

农业生产技术的提高 第一，牛耕的使用和发展。牛耕的出现是与铁犁的出现相适应的。铁犁既锋利又笨重，需要畜力牵引，牛耕（马耕）自然产生了。春秋时期，齐国已有牛耕。战国时期，牛耕更加普遍，并开始使用两牛牵引的犁，大大提高了耕作速度和水平。为提高农业生产提供了有力保障。

第二，农耕方式的改变。在青铜器时代，农业尚处于原始粗耕阶段，往往是耕而不深，土性不明，肥料不施，因而土地肥力递减乃至枯竭，产量也随之递减。人们只好用轮耕方式借以恢复地力。春秋中后期，随着铁农具的使用和牛耕的普遍推广，耕作次数增加，耕作方式由轮耕制变为连种制。到战国时期，一年两熟制在齐国推广。土地利用率提高，促使农业产量大增。

第三，人工施肥的普遍实施。远在西周时期，古人们已经注意到动植物腐烂的遗体，可以使禾苗长得茂盛，籽粒饱满。这种直观的初步施肥的知识，直接导致农民把枯木朽株埋到土里，开始最早的绿肥使用。到战国时期，农民已经普遍知道通过粪灌肥田的办法。人工施肥，提高了土地丰度，促进了农业生产的发展。

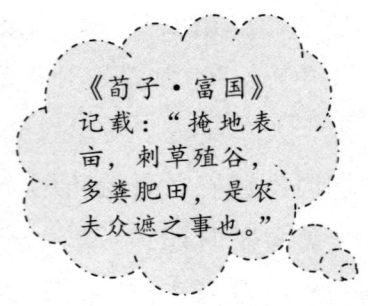

《荀子·富国》记载："掩地表亩，剌草殖谷，多粪肥田，是农夫众庶之事也。"

齐农学的发展与进步　农耕技术的不断发展，导致了齐农学的产生。齐农学主要包括土壤学、地宜学、农时观、天时地利人力观等内容。

土壤学即对土壤的辨别和划分。地宜学即"草木之道"，就是植物与土壤相互适应的规律。农学家们认为植物的生长同土壤的性质有关，不同质地的土壤，适宜生长的植物各不相同。只有掌握了这种规律，才能减少人们种植方面的盲从性。农时观则认为，重视农时是夺得农业丰收的前提。《管子》告诫人们：该耕而不耕，则无法播种，即便播上小麦也不会禾苗茁壮；该耘而不耘，就会百草丛生；该收获而不抓紧时机收获，就会使劳动成果遭受损失。《管子》认为，要使农业丰收，就不要占用农民的农时。在农忙季节，要减少徭役、兵役，动员充足的人力、物力、财力服务于农业耕作。这也就是天时地利人力观。在强调天时、地利的同时，更看重人力的作用。把对土壤、草木之道的研究放进气候与人的关系网络中去思考，从而形成独特的天时地利人力观。

知识链接

齐国的农学家们根据土壤植被、产物和自然地势把土壤分为山麓林地、沼泽、水域和农田；根据植被、地势高低和泉水深浅，把土地分为平原、丘陵和山地。并把土壤按照不同的标准，进行了详细的划分，划分之细密，在先秦时代是罕见的。

水利工程　水利历来是农业的命脉。兴修水利和治理水害是齐国农业发展的重要前提之一。聪明智慧的齐国人民，不断总结治水经验，兴利除弊，力保农业丰收。为了防涝，他们早在春秋时期，就在井田间修了许多纵横交错的排水沟，为了做到防涝一体化，与田间挖沟相配套的是河边筑堤，堤防既挡住了泛滥的黄河水，又造出了肥美的田地，真可谓一举两得。为了防旱，齐人在低地修水库，在山区修渡槽，利用渡槽进行灌溉。这些水利工程建设为农业生产的发展奠定了基础，提供了条件。

大农业的确立　齐国的农业，不仅仅是单一粮食作物的生产，而是一种因地制宜、多种经营的大农业。齐国有发展农、林、牧、渔的天然条件。南部山地丘陵，林业资源丰富；齐地河流众多，两岸河谷土壤肥沃，是发展农业的"粮仓"；沿岸滩涂，牧草丰盛是理想的牧场；漫长的海岸线和众多的港湾，提供了丰富的渔盐资源。太公建齐因地制宜，农、林、牧、渔全面发展，强调开辟田野，繁育六畜，安民所居，劝民所业，开发山林土地资源，发展农业；又强调男耕女织各有定数，这是富民强国之道；奖励务农植桑，休养生息，一系列措施为大

五谷丰登

农业的发展奠定了基础。此后齐地统治者都继承了太公的这一思想，如《管子》认为：土地有差别，适合草木繁殖；土地肥沃，适合桑麻生长；牧草繁茂，适合养殖六畜。经过几百年的经营，齐国的大农业出现了繁盛的局面。田野垦辟，耕地扩大，粮食产量大幅提升，出现"粟如丘山"的盛况；植桑种麻，养蚕抽丝，林木茂盛；蔬菜瓜果品种繁多，五谷丰登，六畜兴旺，海水渔业与淡水渔业并举，农、林、牧、副、渔全面发展。

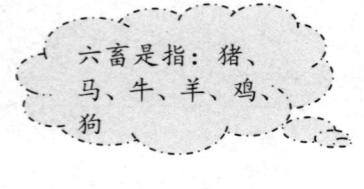

> 六畜是指：猪、马、牛、羊、鸡、狗

辉煌巨著传千古 从文献记载看，我国最早的农书是春秋战国时的《神农》《野老》等，《神农》以姜齐先祖神农氏命名，《野老》为战国时齐楚间人所作，可见都与齐国的农业科技有着密切的关系。

《管子》明确地提出了农本理论，其中《地员》《度地》《水道》诸篇是保留下来的我国最古老的农业水利专论。《管子》其他篇章也多涉及农学理论和农业技术，是先秦农业科技材料比较丰富的古代典籍之一。

北魏时期，卓越的农业科学家贾思勰写了一部农学巨著《齐民要术》，此时齐虽已灭国数百年，然该书中大量保留了先秦齐民丰富的农业生产经验和农业科学技术，是一部对北方尤其是以今淄博市为中心的齐地农业科技的总结性著作，为推动中国农业发展做出了重大贡献，其中很多农业技术至今还在使用。

讨论交流

对于《管子》的"仓廪实而知礼节，衣食足而知荣辱"的命题，近来颇有争议，否定者认为这个命题不成立，因为经济的发展并不能带来道德水平的提高，人们的道德观念必须通过教育来树立，而不能自发地产生。对此，你有什么看法？请与同学们交流一下吧。

拓展活动

临淄作为齐国故都有着八百年的历史，素有"鲁中粮仓"之美誉，农耕文化绵延至今，无处不在，渗透在我们的生活中，特别是乡村生活的方方面面。在传统农业向现代农业转型的今天，临淄区齐陵街道大力开发农耕文化，为当地经济服务，利用山区植被保护完好、自然环境优美、地域文化特色鲜明的生态资源，大力发展生态观光农业。请同学们利用课余时间去看看齐陵街道是怎么做的，并写出你的看法与建议。

参考文献：

李英森、程刚、王秀珠：《齐国经济史》，齐鲁书社

宣兆琦、李金海主编：《齐文化通论》，新华出版社

刘斌主编：《齐文化知识100题》，齐鲁书社

《山东临淄齐故城试绝简报》，载《考古》1961年第6期。

宣兆琦、杨宏伟主编：《齐国史话》，兰州大学出版社

王志民主编：《齐文化概论》，山东人民出版社

第8课　齐国的工商文化

在博大精深的齐文化中，齐国的工商文化不仅以其物质文明的丰厚蕴涵在各地域文化中独放异彩，而且以其深邃系统的理论形态，在中国古代经济思想史上傲然卓力、鲜有其匹。

齐国素有重视工商业，把发展工商业当成基本治国之策的优良传统。姜太公在建齐之初便制定了"通商工之业，便鱼盐之利"，大力发展工商业的经济方针，是中国历史上第一个提出工商富国的人。春秋时期，管仲继承并发扬了太公工商富国的思想，把发展工商业当成富国强兵的重要途径，提出了"士农工商"四民分业定居的经济管理思想，促进农工商世代传承；设计了"三其国而伍其鄙"的行政管理体制，保证了齐国工商业的发展；实行"官山海"的政策，盐铁专卖，矿产国有；同时大力发展家庭手工业；提倡发展商品经济。这一系列政策的实施，不仅使齐国传统工业、渔业、煮盐业、手工业得以迅速发展和扩大，而且促进了齐国商业城市的发展，使齐国在农、工、商并举的基础上强盛起来，成为春秋五霸之首，形成了绚丽多彩的齐国物质工商文化和工商观念文化。

发达的物质工商文化　齐国发达的物质工商文化表现在齐国发达的冶铁业、渔盐业、丝织业、建筑业和城市发展等几个方面。本课以古都临淄及丝织业为代表对齐国的物质工商文化作一介绍。

城市的兴建是古代文明的重要标志，更是物质工商文化的集中体现。临淄作为齐国政治、经济、文化的中心，以其富丽堂皇的城市建筑和丰富多彩的文化活动成为当时工商文化的

临淄古城复原图

缩影。

临淄城的建筑极为壮美，"侈为宫室，广为台榭"，"遄台""雪宫"等离宫别馆"皆雕文刻镂"，装饰得极为绮丽。临淄故城包括大城和小城两个部分，两城巧相衔接。大城是官吏平民及商人居住的郭城。小城是国君居住的宫城。两城共设城门13座，城内交通与排水系统布局整齐而科学。城内分布着许多手工作坊和宫殿遗址，已探明有冶铁遗址6处，冶铜遗址2处，制骨作坊遗址4处，铸钱遗址2处。这些遗址充分说明了当时工商业的繁荣和物质文明的发达。而从宫殿遗址出土的方形铺地花纹砖、屋脊花纹砖和瓦当等文物来看，王室、宫殿的建筑规模及室内外装饰皆瑰丽壮观。齐故城辉煌的建筑设施，也为文化事业的蓬勃发展创造了物质条件，战国时期临淄成为全国学术的中心。

临淄作为齐国工商文化的一个缩影，还集中表现在纵横家苏秦的一段赞词中："临淄之中七万户，……临淄甚富而实，其民无不吹竽、鼓瑟、击筑、弹琴、斗鸡、走犬、六博、踏鞠者，临淄之途，车毂击，人肩摩，连衽成帷，举袂成幕，挥汗成雨，家敦而富，志高而扬。"从这段话中可知：①临淄人口已由春秋时的"三百闾"增加到"七万户"，不仅人口稠密，而且"甚富而实""家敦而富"。这种繁华局面无疑是齐工商业更加发达的结果。②临淄街道上除了"人肩摩"以外，还有"毂击"。"毂击"是一种犹如今天的赛车一样的竞赛活动，能够竞击的车毂肯定质地坚韧，这实际上是比赛造车的材料和工艺水平，显示的是齐国造车手工业的发达。③临淄街市上文体活动丰富多彩，齐民无不参加这些文体活动，"志高而扬"其实是"家敦而富"的外在反映。

这一盛况至西汉时期更加繁荣，居民达"千万户"，号称"人众殷，巨于长安"，成为海岱间一大都会。而齐民"宽缓阔达，而足智，好议论"的民俗完全

毂击取乐，古代的飙车活动

体现了工商文化的特点，也只有在工商业发达、市民意识浓厚、思想比较解放的地区，才有这种"大国之风"。由此可见，临淄作为工商业文化的典型，其影响深远。

发达的丝织业——齐国工商业的代表

齐国丝织业有着悠久的历史。先齐时期，育蚕织丝已相当发达，太公封齐后"劝其女工，极技巧"，把丝织业当成工商业的重要组成部分。此后，历代齐国的统治者都十分重视丝织业，桓管时期齐国的丝织业得到较快的发展，百姓衣锦绣已成平常之事。田齐时，也通过优惠政策的实施来促进丝织业的发展，桑田面积扩大，家庭桑园涌现。使齐国成为最早的丝织业中心。

从史书记载看，齐国生产的丝织品品种繁多，质地精美，主要有罗、帛、纱、缦、绢、绮、纨、缟、縠、縠、锦

> 帛书：写在绢帛上的文书，是以白色丝帛为书写材料。

等。而且染练工艺高超并有专门化管理，这反映了齐国丝织业的高度发达。值得指出的是文锦赠诸侯和作书帛。据载，齐景公四年，晏婴出使郑国，赠郑相子产数十匹白经赤纬的彩绸。另据史书中记载，在鲜用帛书的年代，最早使用帛书的是齐桓公当政时期，这有力地证明了齐国经济文化的繁荣和丝织业的发达。至汉代，齐地丝绸和刺绣远销海外，中国被称为"丝绸之国"。

知识链接

新中国成立以来各地出土的丝织品和麻织品实物也为"齐冠带衣履天下"提供了确凿证据。如 70 年代临淄郎家庄一号东周殉人墓出土的丝织品和丝编等遗物残片。其中一件典型的两色织锦残片在织造工艺上已臻于成熟，这是我国最早的丝锦遗物。

绚丽的工商观念文化　作为观念形态的齐国工商文化是绚丽多姿的，其最突出的特点有两个：一是其内容的丰富性及形式的多样性；二是在理论上的系统性和深刻性。

齐国工商观念文化的内容非常丰富，有的是对物质文明成果的科学总结，有的是对商品生产和交换运行机制的理论导向，有的涉及经营管理和人际关系的原则，有的则反映了独具特色的地方风情和社会心理。

历史悠久、经验丰富的齐国工业生产，启迪了人们的智慧，推动了科学技术的进步和自然科学的发展，《考工记》便是齐国劳动人民聪明才智的结晶。它作为我国手工技术的汇编，其基本观点就是齐国工商观念文化在科学领域里的表现。它把科学技术看作人类的最高智慧，在论述如何才能织造出精工产品时，不是只谈具体的工艺方法，而是指出"天有时，地有气，材有美，功有巧，合此四者然后可以为良"。这种朴素的系统思想是在生产实践基础上理论思维的结晶，乃是齐文化的精华之一。此外，《考工记》所总结的技术工艺流程中的一系列规范、规则、要求和方法，充分体现了它严格的科学性和务实性。所有这些科技成果和理论建树，作为齐国工商文化的重要内容，都是对中国乃至整个人类文明发展的杰出贡献。

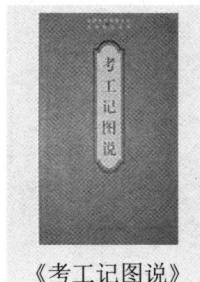

《考工记图说》

齐国的工商观念文化反映在上层建筑、意识形态领域，便表现为专门维护工商业者利益并要求工商业者遵守道德经济的规范和原则，如工商法规、工商道德等，而这些在其他地域文化中是罕见的。

齐国的文学艺术也充分体现了工商文化的特点。在创作题材方面，英勇善射的东夷人及其发达的手工业制造出的弓箭、兵器都成了文艺创作的重要题材，像"后羿射日"的神话，"战神蚩尤"的传说。在人物艺术形象的塑造上，因齐国丝织手工业发达，重"女工"，所以女性形象特别突出。在文学的表现形式上，为了适应商品经济的灵活性及适合表演的特点，以寓言、小说、唱本为依据的说唱艺术比较流行。在艺术风格方面，滑稽幽默与浪漫恣肆相映成趣，乃是齐国文学的一大特色。这一特色同齐国工商业发达、"五民"杂居、商贾往来、思想解放，以及为了获利而造成的"言与行缪，虚诈不情"等社会风气分不开。齐国的文学艺术深深地打着工商文化的烙印，是齐国工商文化在观念形态上的重要表现。

除了齐国的工商观念外，《管子》一书对齐国工商文化的理论贡献最能反映和代表齐国绚丽多彩的工商文化，《管子》书的四民分业论、务本禁末论、消费适度论和轻重理论等都是齐国工商文化的具体体现。

讨论交流

齐国经济的发展离不开管仲经济管理之道，请结合课本查阅资料，说一说管仲的经济管理思想对当今社会主义现代化建设有哪些可借鉴的地方？

拓展活动

1. "孟姜女哭长城"故事中孟姜女的原型就在齐地，请查阅资料找找这个故事并说给大家听。
2. 体味齐文化，参观齐国故城遗址，写一篇游记。

参考文献：

徐树梓编：《秦齐国经济管理思想》，天津人民出版社。

代齐国：《工商行政管理局》，来源中国商网。

李新泰主编：《齐文化大观》，中共中央党校出版社 1992 年版。

黄宝先、王德敏：《论齐国的工商文化》，天津人民出版社，第 29—37 页。

第9课　齐国的海洋文化

翻开人类文明史，海洋文化在整个人类发展史中占有举足轻重的地位。早在一万多年前，中华民族的祖先就在中国沿海一带从事捕鱼活动，七千多年前已制造木舟，从事经济、文化传播，为世界海洋文明的发展做出了杰出贡献。而地处山东半岛的齐国，利用得天独厚的海洋优越环境，继承了利用海洋、开发海洋的优良传统，创造了具有鲜明时代性、地域性的海洋文化，在中国海洋文化发展史上写下了浓墨重彩的一笔。

海洋的开发与利用　齐国海洋文明的发展，离不开先民们利用海洋、开发海洋。姜太公建国之初，疆域狭小，土地贫瘠，自然条件十分恶劣，不利于农业的发展。太公审时度势，提出了"通商工之业，便鱼盐之利"的建国方针政策，实行农副鱼盐多种经营模式，大力发展经济，齐国实力大为增强。春秋战国时期，特别是齐桓公当政时代，大胆任用经济家、政治家管仲为相，继续沿用姜太公提出的基本国策，并在政治、经济、军事等方面做了一系列改革。国家大力发展鱼盐产业，不久便成为"海王之国"而雄踞东方。尤其是管仲针对盐业的发展提出的"官山海"政策，实行国家食盐专卖，垄断市场、价格，从中获利，对后世产生了深远的影响。

一代名相晏婴，曾辅佐齐灵公、庄公、景公三代国君，参政五十余年之久。他辅政期间，曾提出一系列关于发展齐国渔业产业的方针政策，鼓励百姓大力发展淡水养鱼，促进了齐国渔业的发展。

纵观历史的发展，齐国的财政收入很大程度上依赖于沿海地区，海洋经济所提供的食盐和海产品成为齐国富国强兵的资本。

海洋图腾崇拜　齐国濒临大海，在与大海的长期较量中，先民们对大海充满了敬畏与向往，赋予了海洋独有的文明理念——海洋信仰和崇拜。

齐国先民有八神崇拜之说，即天主、地主、兵主、阴主、阳主、月主、日主、四时主。天地日月为自然形态，阴阳指万物构成的方式，四时为时

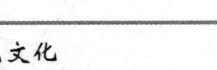

间的变化，只有"兵"为人类征伐的动作。齐人给这些自然现象和人为活动都安排了一个主宰神，作为图腾崇拜。八神有祭祀的地点。据《史记》卷二十八《封禅书》记载："八神：一曰天主，祠天齐。天齐渊水，居临淄南郊山下者。二曰地主，祠泰山梁父。盖天好阴，祠之必于高山之下，小山之上，命曰'畤'；地贵阳，祭之必于泽中圜丘云。三曰兵主，祠蚩尤。蚩尤在东平陆监乡，齐之西境也。四曰阴主，祠三山。五曰阳主，祠之罘。六曰月主，祠之莱山。七曰日主，祠成山。八曰四时主，祠琅琊。"

齐国沿海居民不但崇拜海洋自然力，还充分发挥自己的想象空间，琢磨出"海上仙山"的神话，让古老的海洋文化不仅有"神"的威严，更有"仙"的呼唤。

山东先民最早构思出海上仙山的神话，并给仙山起名为蓬莱山。《山海经·海内北经》记载说："蓬莱山在海中，大人之市在海中。当时又有三神山之说。"《史记》卷二十八《封禅书》专门记载："蓬莱、方丈、瀛洲。此三神山者，其傅在渤海中，去人不远；患且至，则船风引而去。盖尝有至者，诸仙人及不死之药在焉。"在齐人及后代山东人的心目中，"蓬莱"一词是美好的象征。到秦汉时期，齐燕方士求仙活动达到登峰造极的地步，以至于秦始皇、汉武帝都被其诱导入海。

当然，齐国海洋文化体系中除了自然崇拜与蓬莱仙话的内涵外，也具有科学探索成分。《史记》卷七十四《孟子列传》有一段记载："以为儒者所谓中国者，于天下乃八十一居一分耳。中国名曰赤县神州。赤县神州内自有九州，禹之序九州是也，不得为州数。"这一学说在当时具有科学假说的价值，是当时山东人对海洋范畴所能得出的最深层的理解。

故事链接

八仙过海，各显神通：相传八位仙人在蓬莱阁饮酒聚会。酒至酣时，铁拐李提议，到三神山游玩一番。众神附和，他们聚到海边，个个亮出了自己的法宝。逍遥闲散的汉钟离，把手中的芭蕉扇甩开扔到大海里，那扇子大如蒲席，他醉眼惺忪地跳到迎波踏浪的扇子上，悠哉游哉地向大海深处漂去。清婉动人的何仙姑步其后尘，将荷花往海里一放，顿时红光四射，花像磨盘，仙姑亭亭玉立于荷花中间，风姿迷人。众仙谁也不甘落后。吟诗行侠的吕洞宾、倒骑毛驴的张果老、隐迹修道的曹国舅、振靴踏歌的蓝采和、巧夺造化的韩湘子、借尸还魂的铁拐李纷纷将宝物扔入海中。瞬间，百舸争流，各显神通，逞雄镇海，悠然地遨游在万顷碧波之中。

造船与航海 齐国是春秋战国时期的海上强国之一。为了扩展版图，争夺霸权，对航海活动的需求急剧增加。特别是为了适应海战的需要，齐国的造船技术与规模都有大幅度提高。以战船为例，根据在海战中职责的不同，可分为大翼、中翼、小翼、冒突、楼船、戈船、太白、飞云、金船等多种类型，在海战中发挥进攻、防御、运输等不同的作用。据西汉古籍《说苑·正谏篇》记载："（齐景公）渤于海上而乐之，六月不归。"从侧面反映出齐国的船舶可靠舒适，航行的规模也相当壮观。齐国的造船工艺先进，利用铅皮、麻布、油灰等填塞缝隙。随着冶铁水平的提高，采用铁钉金属拼接工艺，使船体十分坚固。

随着造船技术的不断发展，齐国的航海事业突飞猛进。渤海与渤海海峡之间的航路，环绕山东半岛的航路，远至江浙闽粤及黄河、长江等干支流的航路及内河航路，都成为舟船频出的交通航线，形成了一个江海交叉的综合航行网络，由此，也大大刺激了海洋贸易的发展。

海上丝绸之路 齐国是最早进行海外贸易的国家之一。据考古发现：早在夏商乃至史前时期，山东半岛与海外就有贸易往来。据可靠文献记载：最迟从春秋时期齐国就重视与海外的商业活动。齐桓公时期，与朝鲜有了贸易往来。《管仲》记载，管仲建议齐桓公以通商贸易作为发展国家的主要手段，主动开展与朝鲜的贸易，最先开辟了一条通往朝鲜、日本的"东方海上丝绸之路"。

齐国的航海先驱者从山东半岛出发，经朝鲜半岛，再东渡日本，与朝鲜、日本等国进行海上丝绸贸易。据考古资料显示，来自战国时期齐国的考古实物发现于朝鲜半岛南部的韩国境内。这足以说明，齐国的丝绸贸易先驱者们，通过庙岛群岛、辽东半岛，"循海岸水行"，与朝鲜半岛进行海上丝绸贸易，而且不论是造船能力，还是航海水平都足以支持当时的齐国进行海上贸易往来。这也大大促进了本国经济的发展，达到了"富民"目的，利用"商战"削弱了别国，达到了强国的目的，霸主地位得到进一步的巩固。

讨论交流

1. 齐国是怎样开发和利用海洋的？
2. 讲一讲八仙过海的故事。

拓展活动

"海权兴，则国兴"。二十一世纪是海洋的世纪，作为一名中学生，你认为中国应在哪些方面加强海洋的管理与利用？

参考文献：
杨新亮：《海王之国：先秦齐国海洋文明考论》
《齐风韶韵之齐国的海洋文化》，http://www.zbinfo.net/duocai

第10课　齐国的经济制度

春秋战国时期，是我国从奴隶社会向封建社会过渡时期，在这个大变革的时代，齐国作为最具活力的国家，长时间保持政治清明，经济繁荣，文化活跃，先后成为"春秋五霸"之首和"战国七雄之一"，之所以取得如此大的成就，与历代明君贤相推行"富国强兵"的治国方略分不开，尤其是经济方面的诸多政策措施，使齐国实力不断增强，并长期处于不败之地。

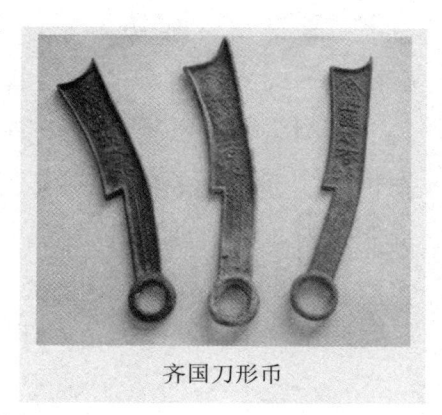

齐国刀形币

仓廪实，衣食足

在自然经济占统治地位的古代中国，农业的地位尤为重要。

姜太公初封齐国，面临"负海舄卤，少五谷，人民寡"的蛮荒之地，农业生产极为不利。针对这种形势，姜太公因地制宜，创造性地提出了"通工商之业，便鱼盐之利，劝女工，极技巧"鼓励发展工商业的方针，老百姓很快走上了富裕的道路，这就为农业的发展提供了较为雄厚的资金，农业投入加大，土壤得到改良，农业得到发展，各国劳动力大量涌入，国民经济步入了一条良性发展的轨道。

齐国历代国君都把农业的发展放在治国安邦的重要地位。较为突出的要数一代贤相管仲。

《管子》认为，重视农时是农业丰收的基本前提。《管子·权修》篇说："地之生财有时。"而只有"不失其时"，才能"然后富"。（《禁藏》）反之，"不务天时则才不生。"（《牧民》）《管子》把粮食作为人的命根子，"五谷者，民之司命也。"（《揆度》）粮食生产维系着政权的巩固、经济的发展和社会的稳定。为此国家采取了一系列发展粮食生产的措施。诸如：

君王与各级官员带头从事农业生产，提高粮食价格，减轻农民不合理的经济负担，国家设置了专门指导农业生产的各种"农官"，如：虞师、司空、司田、乡师、工师、水官等具备农业科技知识的官员，专门指导农业生产，这在我国历史上也是比较超前的举措。

战国时代，铁制农具和牛耕广泛应用于农业生产，土地的利用率和农作物的产量显著提高。国家还大力提倡兴修水利，植树造林、植桑种麻、饲养六畜、种植瓜果蔬菜等，调动农民的生产积极性，为齐国称霸打下坚实的物质基础。

铁制农具和牛耕的广泛使用

因地制宜，多业并举

齐国建国之初，面对诸多发展农业的不利条件，太公发现齐地濒临大海多鱼盐这一得天独厚的自然优势，同时发现齐民擅长植桑养蚕，而刺绣、织绢更是齐地妇女的绝活。他权衡利弊，因地制宜，"劝女工，通鱼盐"。对内大力扶持鱼盐业和丝织业的发展，对外鼓励外商入境经商，致使齐国的鱼盐垄断各国市场，齐国的丝织品"冠带衣履天下"，短时间内实现了"人民多归齐，齐为大国"的社会效益，从而奠定了齐国工商经济的"国本"。

管桓时代继承发展了太公治国的基本精神，继续实行多业并举的经济措施，奠定了齐国成为五霸之首的地位。

在管仲众多的的经济改革理论中,"商道"思想占据相当重要的地位。管仲最先提出了商人乃"国之石民"的观点,即商人与知识分子、农民、工人同等重要,是实现富民强国不可或缺的重要组成部分。管仲对商人的特殊优惠政策还体现在:让商人有特殊的居住区。商人表现好也有重用、提拔的机会。国家设立市场,并分民而治。管子利用商人的"趋利"思想,实行了很多

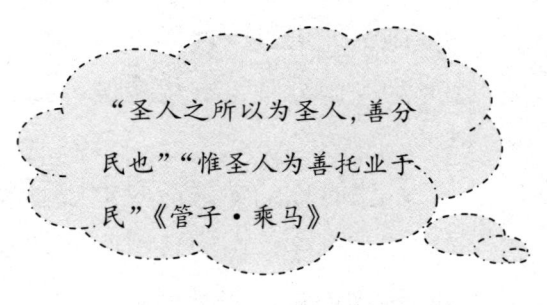

> "圣人之所以为圣人,善分民也""惟圣人为善托业于民"《管子·乘马》

行之有效的惠商政策,吸引各地商人到齐国经商,开辟了互惠互利的"双赢"局面。国家提倡诚信经营,加强市场调控,合理运用市场,严惩不法商人。这些措施都对后世产生了深远影响。管子主张发展多种经营,因地制宜发展经营多种农产品,对富国富民起到了积极有效的作用。

修政惠民,关注民生

"治国之道,必先富民,民富则易治,民贫则难治。"(《管仲·治国篇》)

齐国历代明君贤相都做了积极尝试。太公"因其俗,简其礼,通工商之业,便鱼盐之利"。人民多归齐,齐国遂为东方大国。齐桓公时期,任用管仲为相,富国强兵,尊王攘夷,一匡天下,齐国成为春秋五霸之首。管仲当政期间,实行"官山海",首创盐铁专卖。在古代,盐铁是人民生活和生产中必不可少的东西,与民生大计、国家安危息息相关。在农业发展中,国家还实行"均田分力""相地衰征"的农业政策,把公田分给各农户去种,打破私田公田的界限,实行授田制下一家一户的分散经营,按土地的好坏,缴纳农业税。这可能是最早的农业生产责任制的雏形。《管子》主张国家财政收入要"取之有度",支出要"用之有止",不可盲目滥用,实行轻赋薄敛的措施,百姓生活较宽裕,生产有本,可扩大再生产。这些利民措施促进了社会安定和经济的发展。

名相晏婴,事齐灵公、庄公、景公三代国君,虽遭庸君,却力主改革:

敛权有无，均贫富，耕者十取一，减轻百姓负担；"君商渔盐"，国家努力发挥地利优势，搞活流通，增强国力；弛严刑苛法，尚仁治并辅以法。这些措施都促进了国计民生的发展。晏婴以他卓越的治国才能和躬身力行的作风为齐国维持了一代盛世，史家把他所处的时代和管桓时代并称"桓景盛世"。

战国时期的齐国适应了社会大变革的时代要求，经济持续飞速发展，市场繁荣有序，国力日渐强盛，成为战国时期最富强的"七雄"之一。

招商引资，对外贸易

我国传统的经济是重农抑商，或曰重本抑末。而先秦时期的齐国则不然。

姜齐建国伊始，面对发展农业的众多不利条件和地处交通要道，近海多鱼盐及商旅往来频繁等发展工商业的有利条件，适时制定优先发展工商经济的基本国策，构建了一个崭新的滨海经济发展模式，这种经济模式使齐人把目光放得很宽很远，将齐国以外的广大地区和诸侯国都纳入本国经济发展的体系中。历史证明，这种开放式的经济模式确实达到了富国强兵的目的。

春秋前中期，管仲相齐。齐国的客观条件和外部环境都发生了很大的变化。农业生产成为国家经济发展的重要部门。但姜太公倡导的"工商之业"非但没削弱，反而得以继承创新，发扬光大。《国语·齐语》云："通齐国鱼盐于东莱，使关市讥而不征，以为诸侯利，诸侯称广焉。"可见，这时的齐国在农工商三业并举、高度发达的基础上，商品经济和对外贸易迅速发展。齐国为外商建立宾馆，提供优质服务，因此，"天下商贾归齐若流水。"

在外贸工作中，管仲有一个著名的论点和指导思想，那就是"天下之宝，壹为我用。善者用非有，使非人"。（《管子·地数》）只有这样，才能达到"天下之宝壹为我用"的目的。否则，"为国不能来天下之财，致

天下之民，则国不可成。"（《管子·轻重甲》）

战国时期，齐国的商品经济和对外贸易进一步发展，齐都临淄成为当时商贾云集的海内一大都会。不仅如此，齐国还实行开放政策，《管子·牧民》说："毋曰不同生（姓），远者不听；毋曰不同乡，远者不行；毋曰不同国，远者不从。如地如天，何私何亲；如月如日，唯君之节。"齐人正是继承了先人"海纳百川，有容乃大"的博大胸怀，以超越宗族、乡里和国度的开放精神，揽天下之贤才，成文化之渊薮，成为独霸东方的强国。

讨论交流

《管子》说"仓廪实而知礼节，衣食足则知荣辱"。粮食得不到生产，老百姓就会缺衣少食，怨声载道，就不再顾忌什么法令、制度、礼义廉耻，导致社会秩序的混乱。现代社会，我国政府关心农业经济发展，出台了一系列有利于农业发展的举措，你知道我们经常提到的"三农"问题是什么吗？政府从哪些方面出台政策，关心"三农"问题？

拓展活动

人类历史上，一切有作为的政治家、执政者，都以富民强国为己任，创造一代盛世为目标。

学习了本课，你认为给你启发最深的思想是什么？今天，我们要实现中华民族伟大复兴的奋斗目标，你认为齐文化中有哪些思想值得我们借鉴？请与同学交流你的看法。

参考文献：
杨新亮：《海王之国：先秦齐国海洋文明考论》
《齐风韶韵之齐国的海洋文化》，http://www.zbinfo.net/duocai

第四单元 齐国的军事文化

两周时期的齐国，是先秦兵学文化中心，将星璀璨，著述丰富，影响深远，故有"世界兵家在中国，中国兵家在临淄"之说，"齐国兵学甲天下"也早已成为史学界的共识。

纵览齐国八百余年历史，不但涌现出了姜太公、管仲、司马穰苴、孙武、齐威王、孙膑、田单等众多杰出的军事家，还产生了《孙武兵法》《孙膑兵法》《六韬》《司马法》《管子》等军事学著作，形成了较为完备的军事理论体系，代表着先秦兵学的最高发展水平，不论在当时还是后世都产生了非常深远的影响。

本单元将从"崇武尚智""名将辈出""军事学研究""齐国的军事制度"四方面来介绍齐国的军事文化。

第11课　尚武崇智

早在远古时期，广袤的齐地上就有人类在繁衍生息，他们先后创造了后李文化（距今约8500—7500年）、大汶口文化（距今约6500—4500年）、龙山文化（距今约4600—4000年）等灿烂的古代文明。

尚武之风源远流长　东夷人，是这片土地上的土著居民，也是当时一个强大的部族。他们长期从事渔猎生活，最早发明并使用了弓箭，在与其他部落的长期纷争中，积累了丰富的战争经验，以勇敢、善战著称，久而久之，形成了崇尚武力的习俗。蚩尤、后羿是东夷人杰出的代表，也是东夷族著名的部落首领。

蚩尤是与黄帝、炎帝同时代的人物，传说有八十一个兄弟，全是猛兽之体，铜头铁额，沙石为食，凶勇无比。他们会制造刀、戟、弓、弩等各种兵器，打起仗来经常所向无敌。先是打败了炎帝，后与炎黄联军作战，最终在一个叫涿鹿的地方被彻底打败，蚩尤成了俘虏，后来被杀害。

蚩尤像

后羿是夏朝时代的东夷首领，也是著名的弓箭手。传说天上有十个太阳，烤得庄稼枯萎，百姓民不聊生。百姓就请后羿帮忙，只见他拈弓搭箭，"嗖嗖……"一连射下了九个太阳，只留下了一个。气候恢复了正常，百姓过上了正常的日子。"后羿射日"虽然只是一个传说，但也从中体现了以后羿为代表的东夷人敢于战天斗地、无所畏惧的精神，这正是东夷人尚武精神的延续。

中华传统文化

崇智之俗齐国最盛 春秋战国时期，是"礼崩乐坏"的时代，诸侯征伐不断，战事不休，社会动荡不安；同时，这也是一个推崇知识、求贤若渴的时代，出现了诸子百家、众多流派。当时，齐国实行了开放、包容的国策，创立了"稷下学宫"，邀请邹衍、淳于髡、田骈、慎到等社会名流入宫讲学，授予他们"上大夫"职位，拥有较高的政治地位，享受优厚的俸禄。他们纷纷著书立说，宣扬自己的学说和思想，同时又充当智囊，为国君谏言献策，甚至参与处理国家政务。尤其是在齐宣王时期，学宫规模之大，人数之众，学派之多，争鸣之盛，都达到了学宫史上的巅峰。

正是齐国开明的国策、广揽贤才的态度，使得齐都临淄成了当时的文化中心，出现了百花齐放、百家争鸣的生动局面，为齐国军事文化的发展营造了一个良好的社会氛围，众多的军事巨著诞生于齐国也不足为奇了。

后羿射日

稷下学宫图

知识链接

说文解字：齐

甲骨文 像三（大量）颗种子同时发芽。有的甲骨文 像三（大量）颗刚冒出地面的胚芽。**造字本义**：所有种子同时破土萌芽。

金文 承续甲骨文字形 。有的金文 加"生" ，强调破土萌芽。

篆文 将金文的"生" 改成"二" （等号），强调萌发、生长的节奏同步。种子变成胚芽、生根发芽叫"屯"；大量种子同时萌芽叫"齐"。

讨论交流

诸子百家是对春秋、战国、秦汉时期各种学术派别的总称，据《汉书·艺文志》的记载，数得上名字的一共有189家，4324篇著作。你都知道有哪些学术派别，说一说，与同学们一起交流交流。

拓展活动

通过浏览互联网、查阅历史书籍等方式，了解一下春秋战国时期齐国政治、经济、文化、历史等方面的特点，谈一谈，齐国为什么会涌现如此众多的杰出人才，有哪些方面值得我们在当今时代去学习和借鉴。

第12课　名将辈出

从西周初年姜子牙被分封于齐，到秦始皇二十六年（公元前221年）被秦所灭，齐国前后存在了八百余年。其间，齐国先后涌现出了以姜子牙、管仲、司马穰苴（ráng jū）、孙武、齐威王（田因齐）、孙膑、田单等为代表的一大批杰出军事人才，将星璀璨，传颂千古。

在本课，我们将介绍司马穰苴、孙武、田单3位著名的齐国军事家，了解一下他们的传奇故事。

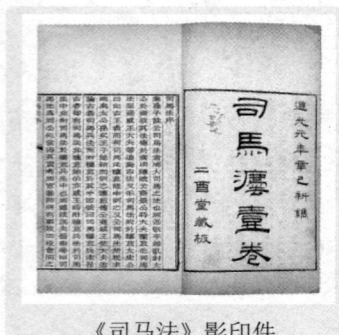

《司马法》影印件

文能服众，武能威敌：司马穰苴

司马穰苴（生卒不详），本姓田，名穰苴，春秋末期齐国人，是继姜子牙之后一位承上启下的著名军事家，曾率齐军击退晋、燕入侵之军，因功被封为"大司马"。后因齐景公听信谗言，司马穰苴被罢官，最后抑郁而终。相传著有《司马法》一书。

公元前531年，晋国派军入侵齐国，燕国也趁火打劫，齐军节节败退。为了扭转军事上的不利形势，齐景公拜司马穰苴为大将，命他率军抵御晋国和燕国的军队。

司马穰苴说："我的身份一贯卑贱，你把我从乡里中提拔起来，位在大夫们之上，士卒还不拥护，百姓还不信任，人微权轻。我想请你选派一个亲近的大

司马穰苴像

臣，又在全国享有威信的人做我的监军，这样才好！"景公允许了，就派自己的亲信庄贾去担任监军。

不料，庄贾心里看不起司马穰苴，第二天过了约定出发的时间还迟迟不到。日过三竿后，才醉醺醺地来到军营。司马穰苴铁面无私，严格执法，当场杀了庄贾。齐军为之一振，他立即率军出发，奔赴前线。

在行军时，司马穰苴对士卒们的休息、宿营、掘井、修灶、饮食、疾病、医药，都亲自过问和安抚，把供给将军的全部费用和粮食，都用以犒赏士卒，自己则与士卒吃一样的伙食；对体弱士卒，他更是照顾有加，很快就赢得了将士们的信任。三天后部署调整军队时，病号都要求同行，士卒都争着奋勇参战。晋军得知这个消息，就撤兵走了。

燕军得知这个消息，也回渡黄河而取消了攻齐计划。司马穰苴率齐军乘势追击，歼灭部分敌军，收复了已失去的齐国城邑和土地。

仕吴破楚，千古兵圣：孙武

孙武（约公元前 545 年至公元前 470 年），字长卿，齐国乐安人，春秋时期著名的军事家、政治家，被后世尊为"兵圣"，誉为"百世兵家之师""东方兵学的鼻祖"。著有《孙子兵法》十三篇，历来为后世军事家所推崇，被誉为"兵学圣典"，置于《武经七书》之首，被译为英、法、德、日等国文字，成为国际间最著名的兵学典范之作。

孙武曾经把自己写的兵法献给吴王阖闾。阖闾看了，非常喜欢，就对孙武说："您的兵法很妙！能否为我训练一支军队看看呢？"孙武说："可以。"阖闾眼珠一转，问："我宫里的妇女也能训练吗？"孙武说："没问题。"

阖闾就在后宫妃嫔宫女中挑了 180 人交给孙武。孙武把这些人分成两队，由两位宠姬分

孙武像

中华传统文化

别担任队长。他把这些女兵排成队列，自己站在土台上，手执令旗和鼓槌，大声说道："我以鼓声和令旗为号，你们按照号令的要求做动作，前进、后退、左右转弯，都不准出错！"

操练开始了，谁知女兵们非但不按号令做动作，反而我行我素，嘻嘻哈哈。孙武以为女兵们没有听明白，就不厌其烦地讲解了好几遍。再次发号施令时，女兵们笑得更厉害了。尤其是两个队长，笑得腰都要弯到地上了。孙武说："明白了号令却不执行，按军法当杀。"于是下令把两个队长拖出来，准备斩首。

孙武练兵斩宠妃

阖闾看见后，赶紧派人下来求情。孙武说："我被委派为将，处理军队的事，君命有所不受。"于是就把两个宠姬的脑袋砍了。他又任命了两个队长，继续发号施令时，女兵们令行禁止，俨然一派纪律严明的军队气势。

守城名将，复国功臣：田单

田单（生卒不详），战国时期齐国临淄人，曾经担任过临淄管理市场的小官。齐国危亡之际，他坚守即墨，以火牛阵击破燕军，收复七十余城，因功担任相国，封"安平君"。后到赵国做官，死后葬于安平城内。

公元前284年，燕国大举进攻齐国，短短半年间，齐国七十多座城市纷纷陷落，最后只剩下莒城和即墨两座孤城。

田单带领齐国百姓坚守即墨。两年多来，他先是施展反击计，诱使燕军割了齐国俘虏的鼻子，刨了齐国百姓的祖坟，大大激发了守城齐人的士气，都决心与燕人决一死战。后来，他派人装作即墨的富翁，偷偷地给燕军统帅送去金银财宝，请求燕军攻下即墨后不要伤害他们家人，以此麻痹燕军，使燕军误以为很快就能攻下即墨，凯旋回家。

坚守两年之后，田单终于等来了绝地反击的机会。

田单火牛阵破敌

他挑选了一千多头牛，在牛身上披一块被子，上面画满了大红大绿稀奇古怪的花样。牛角上捆着两把尖刀，并在尾巴上系着一捆浸透了油的苇束。一天午夜，田单下令把牛队赶到城外，在牛尾巴上点上了火。牛尾巴一烧着，一千多头牛被烧得疼痛难忍，朝着燕军兵营方向猛冲过去。齐军的五千名敢死队紧随其后，城里的老百姓也击铜器为声，以壮大声势。燕军毫无防备，顿时溃不成军，连主帅也都死于乱军之中。齐人乘胜追击，一举收复了全部失地。

知识链接

监军

古代国君派亲信督察大将的军事行动，谓之监军。监军之名，始见于春秋末期，齐景公以司马穰苴为将，以宠臣庄贾为监军。秦始皇命蒙恬率兵御匈奴，以太子扶苏为监军。东汉桓帝时，冯绲领兵击蛮，请以中常侍（太监）一人为监军。魏晋以后，亦常有监军。唐代监军自唐玄宗以后，为宦官专任之职。

中华传统文化

讨论交流

通过浏览互联网、查阅历史书籍等方式，搜集你最喜欢的一位齐国军事将领的故事，说说他的主要功绩与不足，谈谈他给了我们怎样的人生启示。

拓展活动

你知道"田忌赛马"的故事吗？上网搜一搜，谈谈你对它所包含的战略战术思想的认识，并从生活中找出类似事例与同学进行交流。

第13课　军事学研究

春秋战国时期的齐国，涌现出了以《六韬》《司马法》《孙子兵法》《孙膑兵法》《管子》等为代表的一大批军事著作，初步形成了较为完备的军事理论体系，代表了先秦军事学研究的最高水平，在我国乃至世界军事学研究史中占有举足轻重的地位。

在本课，我们将简要介绍《孙子兵法》《六韬》两部军事学经典力作。

《孙子兵法》

《孙子兵法》，又称《孙武兵法》《孙武兵书》《吴孙子兵法》等，是中国现存最早的兵书，也是世界上最早的军事学著作，被誉为"兵学圣典"。作者为春秋时期齐国人孙武。全书共十三篇，六千字左右。

《孙子兵法》竹简

第一篇至第三篇讲的是战略运筹。《始计篇》第一，讲的是庙算，即出兵前在庙堂上比较敌我的各种条件，估算战事胜负的可能性，并制订作战计划。《作战篇》第二，讲的是庙算后的战争动员及取用于敌，胜敌益强。着重分析了战争与经济的关系，战争依赖于经济，但会对经济造成一定程度的破坏。《谋攻篇》第三，讲的是以智谋攻城，即不专用武力，而是采用各种手段使守敌投降。

第四篇至第六篇讲的是作战指挥。《军形篇》第四，讲的是具有客观、稳定、易见等性质的因素，如战斗力的强弱、战争的物质准备。《兵势篇》第五，讲的是指主观、易变、带有偶然性的因素，如兵力的配置、士气的勇怯。《虚实篇》第六，讲的是如何通过分散集结、包围迂回，造成预定会战地点上的我强敌劣，以多胜少。

第七篇至第九篇讲的是战场机变。《军争篇》第七，讲的是如何"以迂为直""以患为利"，夺取会战的先机之利。《九变篇》第八，讲的是将军根据不同情况采取不同的战略战术。《行军篇》第九，讲的是如何在行军中宿营和观察敌情。

第十篇至第十一篇讲的是军事地理。《地形篇》第十，讲的是六种不同的作战地形及相应的战术要求。《九地篇》第十一，讲的是依"主客"形势和深入敌方的程度等划分的九种作战环境及相应的战术要求。

第十二篇至第十三篇讲的是特殊战法。《火攻篇》第十二，讲的是以火助攻与"慎战"思想。《用间篇》第十三，讲的是五种间谍的配合使用。

《孙子兵法》诞生至今已有2500年的历史，历代都有研究。李世民说"观诸兵书，无出孙武"。兵法是谋略，谋略不是小花招，而是大战略、大智慧。如今，孙子兵法已经走向世界。它也被翻译成多种语言，在世界军事史上也具有重要的地位。

《孙子兵法》邮票

知识链接

三十六计

01 瞒天过海	02 围魏救赵	03 借刀杀人	04 以逸待劳
05 趁火打劫	06 声东击西	07 无中生有	08 暗渡陈仓
09 隔岸观火	10 笑里藏刀	11 李代桃僵	12 顺手牵羊
13 打草惊蛇	14 借尸还魂	15 调虎离山	16 欲擒故纵
17 抛砖引玉	18 擒贼擒王	19 釜底抽薪	20 混水摸鱼
21 金蝉脱壳	22 关门捉贼	23 远交近攻	24 假道伐虢
25 偷梁换柱	26 指桑骂槐	27 假痴不癫	28 上屋抽梯
29 树上开花	30 反客为主	31 美人计	32 空城计
33 反间计	34 苦肉计	35 连环计	36 走为上

《六韬》

《六韬》，又称《太公六韬》《太公兵法》，是一部集先秦军事思想之大成的著作，通过周文王、武王与吕望对话的形式，论述治国、治军和指导战争的理论、原则，对后代的军事思想有很大的影响，被誉为是兵家权谋类的始祖。司马迁《史记·齐太公世家》称："后世之言兵及周之阴权，皆宗太公为本谋。"

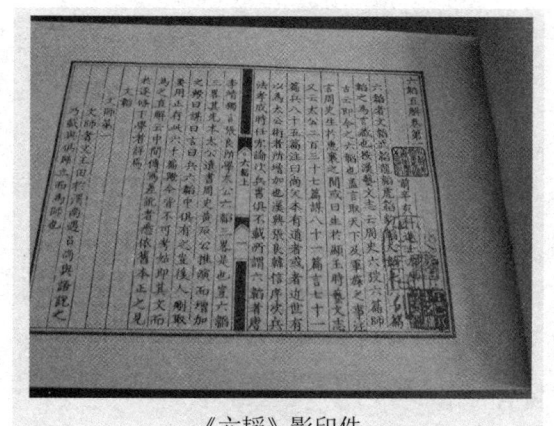

《六韬》影印件

《六韬》分别以文、武、龙、虎、豹、犬为标题，各为一卷，共六十一篇，近二万字。

《文韬》内分《文师》《盈虚》《国务》《大礼》《明传》《六守》《守土》《守国》《上贤》《举贤》《赏罚》《兵道》十二篇，主要论述作战前如何充实国家的实力，在物质上和精神上做好战争准备。如对内先要富国强民，对人民进行教育训练，使之万众一心，同仇敌忾；对外要掌握敌方的情况，注意保守自己的秘密，这样才能立于不败之地。

《武韬》内分《发启》《文启》《文伐》《顺启》《三疑》五篇，有的版本把"《兵道》"列于《三疑》前。这一卷主要论述取得政权及对敌斗争的策略，强调在作战前必须先对敌我双方的情况了如指掌，进行比较，以己之长克敌之短，才能制胜。

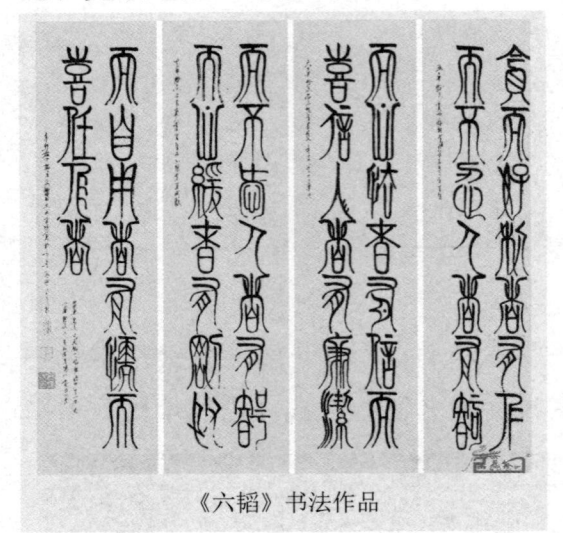

《六韬》书法作品

《龙韬》内分《王翼》《论将》《选将》《主将》《将威》《励军》《阴符》《阴书》《军势》《奇兵》《五音》《兵征》《农器》十三篇，主要论述军事指挥和兵力部署的艺术，指出在战争中要调动对方，选择将帅、严明纪律，然后确定如何发号令、通信息。还指出要注意天时地利、武器装备和物质供应等。

《虎韬》内分《军用》《三阵》《疾战》《必出》《军略》《临境》《动静》《金鼓》《绝道》《略地》《火战》《垒虚》十二篇，主要论述在宽阔地区作战中的战术及其他应注意的问题。

《豹韬》内分《林战》《突战》《帮强》《敌武》《山兵》《泽兵》《少众》《分险》八篇，主要论述在各种特殊的地形作战中的战术及其他应注意的问题。

《犬韬》内分《分合》《武锋》《练士》《教战》《均兵》《武车士》《武骑士》《战骑》《战车》《战步》十篇，主要论述教练与编选士卒以及各种兵种如何配合作战，以发挥军队效能等问题。

《六韬》内容博大精深，是古代汉族军事思想精华的集中体现。北宋神宗元丰年间，《六韬》被列为《武经七书》之一，为武学必读之书。《六韬》在 16 世纪传入日本，18 世纪传入欧洲，现今已翻译成日、法、朝、越、英、俄等多种文字。

讨论交流

上网查阅《孙膑兵法》的相关内容，并与《孙子兵法》进行对比，谈谈其中哪些军事思想相同或相近，哪些不同，并与同学们一起交流。

拓展活动

知彼知己，百战不殆；不知彼而知己，一胜一负；不知彼不知己，每战必殆。
——《孙子兵法·谋攻篇》
投之亡地然后存，陷之死地然后生。 ——《孙子兵法·九地篇》
事而不疑，则天运不能移，时变不能迁。 ——《六韬·武韬》
礼义廉耻，是谓四维；四维不张，国乃灭亡。 ——《管子》
上面这些名言警句是什么意思，你知道吗？查阅相关资料，了解它们所包含的哲学思想。

第14课　齐国的军事制度

从西周初年到战国末期，在漫长的军事斗争实践中，齐国逐步建立了较为完备的军事制度，包括领导体制、军队编制、兵役制度、军赋制度、训练制度等，为齐国"春秋五霸""战国七雄"的政治地位奠定了坚实的军事基础。

在本课，我们将分西周时期、春秋时期、战国时期3个阶段介绍齐国的军事制度。

西周时期齐国的军事制度

领导体制和管理机制方面。西周时期，齐国的军队和其他诸侯国的军队一样，都受周王室的严格控制，并随时听候周王室的调遣。周王室控制各诸侯国军队的手段主要有三种：一是通过"命卿"制度，牢牢抓住诸侯国军队中主要将领的任免权。如齐国的高子、国子两个"邦君司马"，就由王室直接任命。二是向诸侯国的军队中派遣监军，对诸侯国的军队实行直接监督；三是通过等形式，征召各诸侯率军前往参加并检阅他们的军情。

知识链接

巡狩省方、春蒐、秋狝

巡狩省（xǐng）方：指古代国君巡视四方。

春蒐（sǒu）：指古代天子或王侯在春季围猎。

秋狝：指古代天子或王侯在秋季围猎。

军队编制和装备方面。西周时期，军队的编制以车兵为主，步兵为辅。车，即兵车，是作战的一个基本单位。至于每车人数，则说法不一。有的说每车三十人，有的说每车二十人，古籍中没有明确记载。齐国军队的编制与周军大致相同。由于当时的战争是以车战为主，兵车就成了齐军最重要的装备，弓箭和长矛也是必备利器，防护装备主要是甲胄。

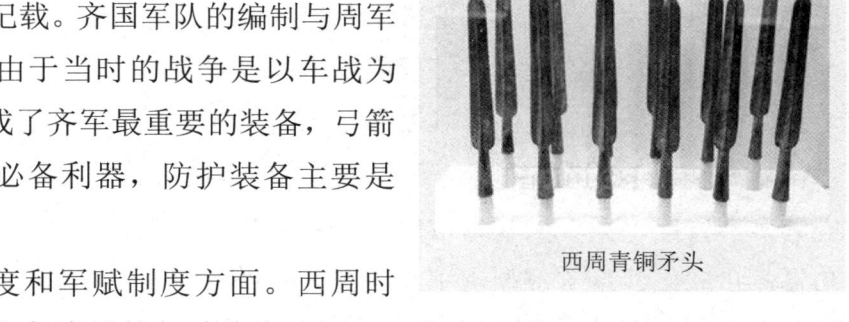

西周青铜矛头

兵役制度和军赋制度方面。西周时期，周天子和各诸侯的都城称为"国"，住在"国"中的人，称为"国人"。不管是周军，还是各诸侯之军，其兵员都来自"国人"。

为满足军事需要征收的费用或实物称为"军赋"。齐国的军赋除了向普通百姓征收外，还利用其"通商工之业，便鱼盐之利"的优势，向广大的工商业者征收。

春秋时期齐国的军事制度

军兵体制和指挥机制方面。春秋时期，齐国在继承改进周制常备军的基础上，创造性地实施了常备正规军和机动民军相互调节、有机配合、统一管理的体制。春秋前期，齐国的军事领导和指挥权主要由国君统帅领导，以忠于国君且声望高的公室贵族协同管理为辅。春秋后期，国君亲自统兵征战制度，逐渐让位于将帅指挥制度，军队一般由主帅全权指挥。

军费来源与筹集方面。春秋时期，齐国的军费军备主要来源于田赋和工商税收。此外，齐国还实行"寓甲兵于刑"的政策，视犯人罪行轻重，赎以价值不同的兵器购置费。

春秋战车

兵种与编制方面。春秋时期，齐国先后组建了步、车、骑、舟四种部队。齐桓公时，齐国以步兵、车兵为主；春秋中后期，战争扩大升级，骑兵便成了主要兵种。舟兵也用于战事，但不是对外征伐的主力，主要用于抵御水路入侵的敌人。编制方面，齐国步兵以"伍"为基本单位，"军"为最高单位。车兵种类繁多，皆以"乘"为基本单位，根据车的性能和轻重，配以数量不等的甲士和御手。

齐国步兵

战国时期齐国的军事制度

军事领导体制方面。战国时候，各诸侯国废除贵族私人武装，建立统一的军队，军队领导权掌握在国君手中，国君就是全国军队的最高统帅。鉴于春秋时期卿大夫出将入相、分割权力导致军权旁落的教训，也为适应军队发展、战争扩大、指挥复杂的客观需要，普遍建立了将相分权的官僚制度，齐国也是如此。

知识链接

将相分权制度

在国君之下，设相国、司马、帅、将之职，分别统管政务和军事。军将只有带兵之权，军事决策、军队调动大权操于国君之手。军将由国君任免，凭国家发给的印玺行使职权，享受国家规定的俸禄，夺印即免官失俸。

兵种方面。战国时期，齐国的兵种仍以步兵为主，分工也更细，比如侦查、通讯、工程、辎重运输等，各有所属，分工合作。步兵编制仍沿袭春秋时期的车兵制。骑兵虽然还不是独立作战的兵种，但已成为一支不可忽视的力量。车兵仍占重要地位，在战国七雄中，多数拥有战车千乘，少的也有六七百乘。如齐国一次作战即丢失战车两千乘，赵国的李牧攻击匈奴用车一千三百乘。

兵役制度方面。齐国服役年龄一般以十五至五十五岁为限，每户应征人数，视战争需要而定。应征者自备衣服、用费，服役期满即退役回家。战时扩军，一般只征与敌国临近郡县壮丁，大战则举国征兵。

讨论交流

借助网络、书籍等，深入了解一下战国时期秦国的军事制度，并与齐国军事制度进行对比，谈谈它们各自的优劣，思考为什么秦国能最终消灭六国，一统天下？

拓展活动

在古代，有人认为"将在外，君命有所不受"，有人认为"军权只能掌握在君主手中"，你是如何看待两者之间的关系呢？你认为怎样做，才能既保证军权的高度集中，又能充分调动将帅的积极性呢？

参考文献：

《齐兵学文化大观》，华艺出版社。

《齐国故都临淄》，齐鲁书社。

《齐都名人》，百花文艺出版社2006年版。

《齐都名著》，百花文艺出版社2006年版。

《齐都之最》，百花文艺出版社2006年版。

第五单元 齐国的科技和文学艺术

齐都临淄是周至汉时期全国最著名的手工业之都，它工盖天下，器盖天下，致天下之精材，来天下之良工，是当时中国最重要的冶金、纺织、制车、制陶、漆器制作、铸镜、铸币七大手工业中心之一。

齐都临淄作为科技之都，源远流长，成就卓著，在中国古代科技史上留下了光彩夺目的篇章。在这片充满智慧和创造的土地上，诞生了我国古代第一部工科巨著——《考工记》；产生了富含当时最先进科技思想、知识的经典著作——《管子》；孕育了世界上最古老的甘德恒星表；涌现出中医史上赫赫有名的齐医学派群体，其中有中医鼻祖扁鹊和病历首创者淳于意。总之，齐都科技天下之冠，英才辈出，智慧非凡。

同时，齐国文学作为齐文化的精髓，源远流长，丰富多彩，是中国古典文学百花园中的奇葩。先秦时期，齐国的文学成就在诸侯各国中最为突出，只有楚国可以与之比肩。刘勰在《文心雕龙·时序》中说，春秋以后"唯齐楚两国，颇有文学"，可谓精当准确的评价。齐国音乐历史悠久，是在传统基础上发展起来的，有尧、舜、禹三代的遗风，彰显着齐人旷达豪放的性格，有其显明地方风格。

下面，就齐国光辉的科技成就、繁荣的文学艺术以及别具特色的音乐风格，一一分述之。

第15课 昌盛的科学技术

齐国人民用自己的辛勤劳动建设家园，也用他们的聪明智慧创造了昌盛的科学技术。

冶金（主要是炼铜、炼铁）业

齐地是我国较早开始铸铜的地区之一。春秋时期齐国制铜业进一步发展，《国语·齐语》载，齐国有让犯人用铜兵器、铠甲赎罪来减轻刑罚的制度。《管子·地数篇》载齐地"出铜之山四百六十七山"，都表明当时铜器的冶炼、使用相当广泛。

齐国的六字刀币

齐国是先秦诸国中最早生产和使用铁器的国家。至迟在春秋管仲执政时期，齐国已用铁器耕作了。《国语·齐语》说："美金以铸剑戟试诸狗马，恶金以铸鉏夷斤斸试诸壤土。"所谓"恶金"就是铁。这是我国关于使用铁制农具最早的文字记载。春秋中期，随着冶铁业的发展，铁制农具的使用逐渐得到推广。齐灵公时期的《叔夷钟》铭文中有"造徒四千"之句，表明齐国的冶铁业规模已相当庞大。春秋晚期，《管子·海王篇》说，齐国"耕者必有一耒一耜一铫"，足以证明那时铁制农具在齐国已经得到相当广泛的使用。战国时，齐国出现了铸铁柔化、快炼钢以及淬火工艺，冶铁作坊的规模很大。西汉时，武帝在全国设置铁官48处，齐地就有18处。

知识链接

《国语》

《国语》是中国最早的一部国别体著作。

记录了周朝王室和鲁国、齐国、晋国、郑国、楚国、吴国、越国等诸侯国的历史。

纺织业

齐地的纺织业自远古时代就异常发达。《尚书·高贡》载青州的贡赋里有"絺",即夏布;还提到莱夷"厥篚檿丝",植桑养柞蚕。西周时期姜太公"劝以女工,极技巧",把发展纺织业作为基本国策;春秋时期纺织业已成为齐国主要的经济部门之一,战国时期齐国的丝织品更是"冠带衣履天下",所产纺织品数量多、质量好,据史载齐国的纺织品有冰纨、绮绣(即薄绢)、缯绸、絺、阿锡、绨等近20个品种。其中最精良的丝织品当属"齐纨"和"阿锡";齐纨是临淄出产的细绢;阿锡是齐地东阿出产的细缯。西周时期即为名贵产品,不仅贡与宫廷,还成为赠赐、贸易的重要商品。汉朝,临淄是全国纺织中心之一。中央政府在临淄设三服官,专做天子之服;齐三服官每年进衣物十笥,但"作工各数千人",齐国纺织业达到鼎盛。

绮绣,冰纨,吹絮纶
——三服官织品走丝路

制车业

西周、春秋时期战争形式为车战,所以一个国家所拥有战车数量的多少,是衡量一个国家经济、军事、科技实力的重要标志。众所周知,齐国是春秋战国时期的"千乘之国""万乘之国",车辆的数量和质量在先秦诸国中都遥遥领先,与之相应的,齐国的制车业也是中原各国中技术水平最高、产量最大的。仅举一例即可证明。1990年全国十大考古发现之一的后李春秋殉车马坑,位于临淄齐陵镇后李官村。1号坑全长32米,宽5米,殉车10辆,马32匹。车马配套,摆放整齐,马在车前,马首向西。车辆木头已朽,但痕迹清晰,马骨架保存完好。根据出土器物及地层推断,当为春秋中期或略早,国王或贵族之殉葬坑。

制陶业

齐地是我国古代陶器的发源地之一。早在北辛文化时期就已经出现了分段手制、夹砂褐陶为主的陶器；大汶口文化时期，开始使用先进的轮制法，以褐陶为主；龙山文化时期，以黑陶为主，其代表作品是黑色蛋壳陶。薄如蛋壳，漆黑发亮的蛋壳陶对工艺技术要求极高，皆为快轮制作，说明当时制陶技术相当娴熟而高超；春秋战国时期，齐国在制陶技术方面是当时各国技艺最高的国家之一，陶器产量高，制作精美，陶窑规模大，陶器使用广泛。临淄郎家庄 1 号墓中出土的陶俑，齐国故城内出土的大量的钱范、瓮棺、瓦当、陶管，充分证明齐国陶器向娱乐品、规范物、葬器、建筑构件、农田水利设施等发展，这在诸侯各国中也是不多见的。

齐国出土的制陶工具

战国时期，临淄制陶业盛况空前，有十多个乡、五十多个里从事制陶业，分官窑和私窑两类，从业者数百人。

漆器制造

齐国的漆器生产起源较早，最迟在西周时期，就已经将漆器生产运用到制车方面。春秋战国之际，齐国漆器业达到了极高的水平。临淄郎家庄一号东周墓出土地的一批珍贵的春秋时期齐国的漆木器残片，图案严谨规矩，有几何形和写实形两类九种，用笔一丝不苟，线条纯熟流畅，描绘生动活泼，充分显示了齐国漆器制作工艺的精湛。最近，2000 年中国十大考古发现之一的济南章丘洛庄汉墓，发现了几百件北方地区比较罕见的、色彩鲜艳的漆器，这些漆器都是临淄制造的。此前人们知道，成都是长江流域漆器制造中心，但洛庄汉墓发掘的资料表明，临淄是漆器制造的东方中心。

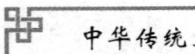

铸币

春秋战国时期齐国铸造的流通货币是齐刀币。据考证，春秋时期的齐桓公已开始在国都临淄或其他重要的城市由官方铸造货币。临淄地区目前已出土六种面文不同的刀币，即齐之法化、节墨之法化、安阳之法化、谭邦之法化（春秋时期姜齐的铸币）和齐法化、齐建邦伥法化（战国时期田齐的铸币）。这些刀币做工精细，铸造难度大，没有相当成熟的技术是无能为力的。据考古发现，齐故城内有铸钱遗址两处：其一为安合村南，曾出土过"齐法化"刀币和铸范；其二为阚家寨村南，为西汉"半两"钱铸址，可见当时的铸钱规模很大，临淄作为齐都，当为齐国境内最大的铸币中心。

齐国铸币

手工业科技

齐地是中国古代科学技术最发达的地区。先齐时期，东夷人就较早发明了制陶术、冶铜术、农耕种作、原始建筑术。春秋管仲时期，齐国已具有了明确的手工业专业分工和父子相袭的手工业职业技术教育模式。周至汉，齐国的冶铁、冶铜术、建筑术、制车术、制陶术、纺织术、煮盐术都在诸侯列国中独占鳌头，处于领先和优势地位。齐都临淄是当时中国当之无愧的科技特别是手工业科技中心。仅举诞生于临淄的我国古代第一部手工业科技巨著《周礼·考工记》即可证明。

讨论交流

1. 齐都临淄作为科技之都，源远流长，成就卓著，科学技术的发展主要表现在哪些方面呢？与同学们交流一下自己的看法。
2. 关于《考工记》，同学们了解多少呢？请同学们互相交流一下。
3. 齐国之所以能在春秋称霸、战国称雄，除了政治、经济、军事的因素之外，科学技术的发展具有不可忽视的作用。读过本课后，要加深认识。

拓展活动

科学技术是第一生产力，科学技术对于国家的发展具有不可忽视的作用，请同学们讨论一下，齐国的科学成就还体现在哪些方面？对今天的经济发展又有什么影响？

参考文献：《齐文化大观》《齐文化发展史》

第16课　辉煌的科技成果

齐国发展科学技术，取得了辉煌的科技成果。

博大精深，辉映古今——《管子》

《管子》作为齐文化经典，是我国先秦时代的一部百科全书，其中包含了丰富的科技知识和科技思想，在中国古代科技史上具有极其重要的地位，有人将其誉为"中国古代科技文化之宗"。《管子》的科技成就分7个方面加以阐述。

天文学成就

《管子》在天文学上最突出的成就，当属其创造的"三十节气"历法。《管子·幼官》中记述了这种先秦齐国特有的节气系统：一年共三百六十天，分为春夏秋冬四季。其中春季和秋季各九十六天，夏季和冬季各八十四天；一年共分为三十个节气，这个三十节气系统是根据齐国位于山东半岛、三面环海的地理特点以及受海洋调节，冬夏寒暑程度比远海各地和缓的气候特点制定的，贴近齐国实际，有利于当地的农业生产。

地理学成就

齐国人对区域地形认识丰富，并在科学实践的基础上进行了归纳和分类说明。《管子·地员》中介绍了十五种丘陵地形和山地地形，这在先秦是绝无仅有的。早在春秋战国以前，齐国人就已经能绘制地图。

农学成就

发展农业离不开对土壤的研究、分类。《管子·地员》是先秦时期最为详尽的土壤分类著作。《管子》对农业水利极为重视。《管子·度地》是中国乃至世界最早的水利著作，它对水流的自然规律进行了科学总结，最早对水进行分类，最早对水的性质作了分析，最早阐述了有压管流的水性，最早对洪水泛滥的原因作了科学解释。

医学成就

《管子》一书关于医学思想也有不少深刻见解，尤其是对生命的起源和本质、养生的基本原则和方法发表了一系列合理的看法，既是先秦医学发展的重要一环，又为后来的中医学理论的发展奠定了基础。第一，《管子》提出精气是人的生命以及身体健康的物质基础。第二，《管子》运用阴阳五行说理论，将人体脏器分为五类（脾、肝、心、肾、肺），并分别与五行（木、火、土、金、水）对应，初步形成了五行脏腑观。第三，《管子》非常重视养生。

数学成就

《管子》中蕴含着丰富的数学思想，记录了大量当时齐国人所掌握的数学知识。《管子》高度重视数学在经邦治国及技术领域中的独特作用。《管子》中许多地方涉及了度量衡及计算方法。书中的长度单位有里、步、丈、尺、寸、制、匹、仞、施等，体积单位有鼓、石、斗、豆、升、釜、钟、区等，面积单位有步、亩、顷、方、里等，重量单位有钧、斤、镒等。《管子》书中还涉及整数加减法、乘法、正反比、分数四种数学运算，反映了当时齐国实用数学的发达。

物理学成就

《管子》中的物理学成就杰出非凡，影响深远。第一，它最早提出了时间、空间概念。第二，《管子·地员》篇是我国最早的律学理论，被称为"音律学之祖"。 第三，《管子·地数》篇中有我国关于慈石（磁石）的最早记载。

《管子·二十四卷》

生物学成就

《管子》中保存着大量生物学知识。在《管子·幼官》中含有动物分类的思想。这些分类涉及脊椎动物门的鸟纲、哺乳纲、鱼纲和爬行纲，对后世影响很大。另外，《管子·地员》对植物的

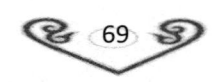

生长、发育、分布以及与环境关系，做了详细的论述，是我国最早的植物生态学专论。《管子》对生态保护十分重视，形成了初步的生态保护意识，并采取了很多保护措施。

综上所述，《管子》中丰富的科技知识、深刻的科技思想、卓越的科技成就，是其他先秦古籍所无法比拟的，称其为"先秦唯一的科技全书"，实在当之无愧。

工科巨著，彪炳千古——《考工记》

《考工记》又称《周礼·冬官考工记》，是齐国政府记录手工业技术的官书，为我国现存最早的手工业科技巨著。它记述了中国先秦时期的许多科学技术知识，是中国先秦手工业科技最高水平的集中展现。

《考工记》书影

《考工记》的科技成就主要体现在：

金属冶铸方面 "攻金之工"条说："金有六齐，六分其金而居锡一，谓之钟鼎之齐……"这些记述是世界上关于合金成分规律的最早记载。

印染技术方面 "巾荒氏"条有我国古代关于精炼丝绸时灰水脱胶、日光脱胶漂白的最早记载。

标准化管理方面 "栗氏为量"条对量器的熔炼工艺做了严格规定；"车有六等之数"条对车轮尺寸规定了标准：兵车、乘车之轮径为六尺六寸。

力学方面 "车有六等之数"条有我国古代关于滚动摩擦与轮径关系的最早记载。

声学方面 "磬氏为磬"条有我国古代打击乐器发声理论的较早记载。

实用数学方面 "车人之事"条谈到了矩（90°）、宣（45°）、欘（67°30′）、柯（101°15′）、磬折（151°52′30″），这是我国最早的一套角度概念。

天文学方面 "辀人为辀"条谈到了二十八星宿，这是我国古代关于二十八星最早的较为明确的记载。

《考工记》作为我国古代手工业科技最早的巨著，可谓集中国先秦手工业科技之大成，堪称"百工之书"。它对后世的手工艺品制作、机械制作、度量衡、建筑等有很大的影响并起到了很大的推动作用。

医坛奇葩，享誉华夏——齐派医学

齐医学派的创始人是神医扁鹊，被誉为中医之祖。扁鹊，姓秦，名越人，齐国卢（今山东长清县）人，战国时名医。他曾劝身患重病的齐桓侯田午治病，但田午讳疾忌医，不遵医嘱，最终命丧黄泉；他曾预言五天不省人事的晋国大夫赵简子两天半后苏醒痊愈，结果不出所料；后来，扁鹊到了秦国，深得秦国百姓的崇敬和信赖。秦国的太医李醯自知医术不如扁鹊，顿生妒火，于是派人把扁鹊刺杀了。

齐派医学的另一代表人物为淳于意。

淳于意是西汉时期临淄人，与张仲景、华佗并称为汉代三大医学家。因他曾在齐都临淄担任过管理粮仓的太仓长，所以人们叫他"太仓公"或"仓公"。淳于意先后拜淄川人公孙光、临淄人公乘阳庆为师，向他们学习医术。他品行高尚，医术精湛，进一步发展了扁鹊的脉诊学，对针灸、药理也有很高的造诣。

淳于意（约公元前215年至约公元前140年）

测星专家，天文先驱——齐人甘德

甘德，战国时期齐国天文学家，中国天文学的先驱之一。历史上将甘德与石申并提，将二人的著作合称为《甘石星经》。石申著有《浑天图》，为先秦浑天思想的代表作；甘德著有《天文星占》八卷、《甘氏四七法》一卷。因二人同为先秦杰出天文学家，故人们把二人的著作合举并称。

甘德观天象

甘德在恒星的观测和研究方面做出了划时代的贡献，他建立了全天恒星区划命名系统。甘德对行星运动的研究也取得了惊人的成就。这些观测虽然还比较粗疏，但代表了战国时期行星研究的先进水平，为后世的行星研究开辟了道路。

综上所述，这些成就虽然只是冰山一角，远不能全面涵盖齐国科技博大精深的内容，但其所反映的齐人卓越智慧和超众才干，还是给人留下了深刻的印象。

知识链接

"病例"创始人淳于意

淳于意写出了中国医学史上第一部医案——《诊籍》，其内容开创了后世病例医案之先河。特别在总结大量传染病病例进行深入分析的基础上，形成了自己独特的中医及传染病治疗理论，尤以肝病理论最为精辟独到，为现代肝病治疗提供了重要的理论基础。因此，太仓公被誉为肝病理论之鼻祖。

讨论交流

1. 关于《管子》，你最欣赏的科技成就是什么？
2. 扁鹊治病善于运用四诊，你知道是哪四诊吗？这四诊对我们现代的医学有什么重要意义？

拓展活动

《考工记》科技成就卓著，堪称"百工之书"。请同学们分析一下，它对后世的手工艺品制作、机械制作、度量衡、建筑等有哪些重大的影响呢？

参考文献：《齐文化发展史》《齐文化大观》

中华传统文化

第17课　繁荣的文学

齐国不仅取得了辉煌的科技成就，在文学方面的成就也熠熠生辉。

璀璨《诗经》，阔达《齐风》

《诗经》是中国古代现实主义文学的代表作品，是现实主义诗歌的源头之一。其中的《齐风》，收录的是齐国的民歌。这些民歌主要产生于西周后期至春秋前期，共十一篇，在《诗经》十五国风中的数量位居第八。

《齐风》艺术价值很高，特色鲜明，具有舒缓、中和、率真的审美特质。表现手法上以赋为主，兼用比、兴。篇章结构以反复重迭的形式为主，且富于变化；句式以四言为主，用韵基本上是一韵到底；节奏舒缓，多用表示舒缓、感叹的语气词"乎而""兮"，在十五国风中别具一格；语言优美，遣词造句形象准确；大量运用了叠字，生动形象，节奏感强，富有音乐美。

诗·齐风·鸡鸣

此外，《诗经》还收录了齐国外嫁女子、卫国国君夫人、临淄人庄姜的五首诗：《柏舟》《绿衣》《燕燕》《日月》《终风》。这些诗书写了庄姜在卫国宫廷备受冷落的生活遭遇，抒发了自己内心的愁苦，对卫君进行了含蓄委婉的批判。庄姜诗歌的思想性、艺术性均达到了很高的水准，且远远早于目前我们熟知的"中国古代最早女诗人"——许穆夫人和被誉为"世界最早的女诗人"的古希腊的萨福，故应是"世界女性作诗第一人"。

知识链接

《诗经》其书

《诗经》是中国历史上最早的诗歌总集。《诗经》原本叫《诗》,共有诗歌305首。有"四始六义"之说。"四始"指《风》《大雅》《小雅》《颂》的四篇列首位的诗。"六义"则指"风、雅、颂,赋、比、兴"。"风、雅、颂"是按音乐的不同对《诗经》的分类,"风"又叫"国风",是各地的歌谣。"赋、比、兴"是《诗经》的表现手法。《诗经》多以四言为主,兼有杂言。

稷下文学,熠熠生辉

战国时代,齐都临淄的稷下学宫作为世界上最早的官办大学和我国最早的社会科学院,是诸子百家争鸣的重要场所,更是当时中国学术文化的交流中心。稷下文学大气磅礴、深邃睿智、指向现实的整体

> 百家争鸣是指春秋(公元前770年至公元前476年)战国(公元前475年至公元前221年)时期知识分子中不同学派的涌现及各流派争芳斗艳的局面。

风格,对我国古代文学的发展产生了重大而深远的影响。其中,我国最早的人物传记——《管子》之《三匡》;气势磅礴、富于雄辩的《孟子》;存有我国最早的赋、说唱文学的《荀子》;以及比喻精彩、寓言深刻的《尹文子》《慎子》;善用隐语、大气条理的淳于髡、鲁仲连说辞,都是稷下文学熠熠生辉的亮点,都对后世文学富有借鉴价值和启迪意义。

先秦时期,除了上述齐国文学家的作品流传后世,在文学史上占有一席之地外,齐国历史学家的史传作品、军事家的兵学作品

邹阳,齐人,西汉时期文学家

也文采斐然，个性鲜明，具有很强的文学价值。

代代相传，各领风骚

西汉时期，齐地的文学有效继承了先秦齐国文学关注现实、大气深刻的文学传统，不断创新发展。一封书信洗冤情的西汉散文家邹阳；齐《诗》传承人辕固；能言善辩、口才卓绝的娄敬、主父偃、儿宽、严安，均是此时期齐国文学传统的优秀传承者，他们的名字如璀璨星光，在西汉文坛的天空闪烁着夺目的光芒……

西汉武帝时期"罢黜百家，独尊儒术"，齐文化与鲁文化一起构成了中华民族传统文化的主干，作为一种独立的地域文化，齐文化逐渐消泯。但齐地的文学却没有偃旗息鼓，而是沐浴着齐风流韵，继续呈现出令世人瞠目的绚丽光彩。有"左思风力"之称、蜚声太康诗坛的西晋临淄诗人左思，诗思缜密敏捷的左思之妹左棻；唐代临淄诗人房玄龄、张道古、李伯鱼；作品与李商隐、温庭筠齐名，并称"三十六体"的临淄人段成式等，均在中国古代文学史上赫赫有名、享有美誉，为齐地这方古老而神奇的热土增添了新的光彩。

左思，字太冲，齐国临淄（今山东淄博）人。西晋著名文学家，其《三都赋》颇被当时称颂，造成"洛阳纸贵"。

总之，古代齐国、齐地的文学作品，不仅蕴含着崇高的人格美和深邃的智性美，具有鲜明的地域性，而且具有情感美、意境美、理趣美、音韵美等美学特征，至今读来仍给人强烈的审美震撼和深刻的启迪。

故事链接

《洛阳纸贵》

在西晋太康年间出了位很有名的文学家叫左思,他曾做一部《三都赋》在京城洛阳广为流传,人们啧啧称赞,竞相传抄,一下子使纸昂贵了几倍。原来每刀千文的纸一下子涨到两千文、三千文,后来竟倾销一空;不少人只好到外地买纸,抄写这篇千古名赋。

因大家争相传抄左思的作品,以致一时供不应求,货缺而贵。后喻作品为世所重,风行一时,流传甚广。出自《晋书·左思传》:"于是豪贵之家竞相传写,洛阳为之纸贵。"

知识链接

三十六体:三十六体骈文,继中唐骈文散化之后,重新回归六朝风调。集六朝骈文和唐骈之所长,在华美的形式之下,多了几分自然圆融、灵动之气。精工典丽、情韵并美,行文流畅,富于变化,展现出独特的风格和魅力。李商隐、段成式、温庭筠的诗歌由于风格相近,且都排行十六,故并称为三十六体。

讨论交流

1. 你喜欢《诗经》里的哪一首诗?摘抄下来,并作简要分析。请与同学们交流一下自己的看法。

2. 在《诗经》中会反复出现一些事物,你能归纳出来吗?指出这些事物代表的现实生活中的物体。

3. 你知道左思的哪些诗歌作品呢?请摘抄下来,与同学们分析一下。

拓展活动

> 关关雎鸠,在河之洲。窈窕淑女,君子好逑。——《国风·周南·关雎》
> 所谓伊人,在水一方。——《诗经·国风·秦风》
> 昔我往矣,杨柳依依。今我来思,雨雪霏霏。——《诗经·小雅·采薇》
> 死生契阔,与子成说。执子之手,与子偕老。——《诗经·邶风·击鼓》
> 你还知道《诗经》或者左思的哪些作品呢?请同学们利用课余时间认真阅读《诗经》一书,收集相关语段,体会其中的思想。

参考文献:《齐文化大观》《齐文化大观》

第18课　发达的音乐

　　齐国音乐历史悠久，是在传统基础上发展起来的，有尧、舜、禹三代的遗声，彰显着齐人旷达豪放的性格，有其鲜明地方风格，其声乐艺术独具特色，被誉为"大风"。

　　东夷人创造了以凤鸟为特征的东夷音乐文化。山东的土著东夷人，在猎获之余经常模仿着动物的动作和叫声，手舞足蹈地再现他们的狩猎生活；大汶口文化时期，已能生产精美的彩陶和乐器；龙山文化时期，乐器也随之发展。在山东龙山文化遗址发现的陶埙，能模仿吹出多种鸟叫声，能吹奏音阶和乐曲。在发现的卜骨中，巫（音乐专业人员）已出现，巫、瞽等专业人员创造了图腾乐舞，他们的活动促进了音乐的发展，这意味着音乐向专业化迈进。此时的东夷人已跨进了东方音乐文明的时期。少皞是东夷人的领袖，他还在音乐方面颇有建树，他的代表乐舞是《大渊》。鼓磬在少皞时就已盛行，打击乐器，所以最早的音乐形式中，节奏占重要位置。现已在齐地出土了成套的编钟、编磬，印证了早在太皞时代就有了琴瑟之乐了。

　　齐国盛行的《韶》乐，是舜的乐舞。舜的父亲名叫瞽叟，是有名的盲乐师，创造过瑟。舜自幼喜爱音乐，创作了琴曲《思亲操》。舜即帝位后，命乐师延将他父亲的八弦瑟改为二十三弦瑟；命乐师质创作了《九韶》之乐。东夷人热爱自己的氏族，尊崇自己的图腾，创造了以凤鸟为特征的东夷音乐文化。

知识链接

"舜"其人

舜，是中国传说历史中的人物，是五帝之一。名重华，生于姚墟，故姚姓，冀州人，都城在蒲阪（今山西永济）。舜为四部落联盟首领，受尧的"禅让"称帝于天下，其国号为"有虞"。帝舜、大舜、虞帝舜、舜帝皆虞舜之帝王号，故后世以舜称之。

春秋时期齐国的青铜乐器

宫廷乐舞成就高。在大城南部的韶院村，是当年孔子闻《韶》的地方，韶院是宫廷乐舞的排练室。按当时礼乐制度规定，韶院除演奏韶乐，还演奏"六代乐舞"。孔子在齐闻韶是公元前517年左右，他看到的是由景公的乐师改编后的《韶》乐，因此陶醉得孔子"三月不知肉味"，并说："不图为乐之至于斯也。"（《论语·述而》）

西周强盛时期，"礼乐征伐自天子出"。春秋时期，王室衰微。齐国冲破了礼乐制度，建立了独具特色的乐队。"齐宣王使人吹竽，必三百人，南郭处士请为王吹竽。宣王说之，廪食以数百人。"三百人之多的竽合奏，在各诸侯国中也是独一无二的。

"余音绕梁，三日不绝"出自《列子·汤问》，形容歌声优美，给人留下难忘的印象。

齐国宫廷乐队规模庞大、编制独特，具有相当高的合奏能力和独奏水平。当时演奏韶乐时，诗、歌、舞必须配合得当。编钟、编磬等固定音高的"金石之乐",在齐国已出土不少,它在合奏中担负着音准、音律的校音任务,常用于乐曲的引序。琴、瑟、管、箫等"丝竹之乐",常演奏主旋和为歌者伴奏。笙、竽、匏类是和声之乐,具有融合各种乐器和渲染气氛的功能。陶埙之类的乐器富有特色、富有歌唱性。鼓、编钟、编磬等打击乐器,不仅掌握节奏变化,而且担负着指挥的重任。

西周时期的乐器——铜钟

民间音乐普及性强、活动内容丰富、成就高。齐城雍门一带,是民间音乐的活动盛地。民间女歌唱家韩娥在雍门以"余音绕梁,三日不绝"的歌唱艺术盛名于世。她曼声哀歌,使得"一里老幼,悲愁垂涕相对,三日不食"。传说著名的古琴演奏家子周,就生长在雍门。故名雍门周。齐国民歌《松柏之音》,据阮籍《乐论》说,即创作于雍门。

齐国的巫卜和新兴地主、商人的家奴也参与音乐活动。巫术是殷商遗风,在齐仍为流行。景公患病和齐国出现彗星及大旱时,都要举行巫术活动。巫师的活动无不伴随着音乐。此时的家奴,主要是侍主人和宾客娱乐的,即所谓"召客者酒酣、歌舞、鼓瑟、吹竽……"

编钟为古代打击乐器,将成系列的铜甬钟或铜钮钟悬挂在木架上,用木槌击奏出动听的乐曲。

齐国的音乐不拘泥于礼乐,偏重于音乐的娱乐作用,一则改革传统雅乐,二则从其俗乐。因此,"四方之乐""夷狄之乐"等民间音乐登上了大雅之堂。为满足统治者及贵族的享乐需要,各类艺术争相提高,从而也促进了音乐艺术的发展。

齐国音乐历史悠久,是在传统基础上发展起来的,有尧、舜、禹三代的遗声，彰显着齐人旷达豪放的性格，有其显明地方风格。其声乐艺术独具特色，被誉为"大风"。

故事链接

从前韩娥向东去齐国，路上缺乏粮食，经过雍门，唱歌来乞讨换取食物。她走了以后，（她）歌声的余音在房梁间缭绕，经过多日未断绝，左右邻舍都认为她还没离开，韩娥投宿一家旅店，因为贫困她遭到了旅店主人的侮辱，韩娥便用长音悲哭，整个街巷的人都悲伤忧愁，泪眼相对，多日吃不下饭。人们赶紧追赶韩娥。韩娥回来，又用长音放声歌唱。整个街巷的人都高兴得又蹦又跳，不能自控，忘记了先前的悲伤。人们于是给了她很多的财物，打发她走了。所以雍门那的人，至今还善于唱歌表演，那是效仿韩娥留下的歌唱技艺。

知识链接

自黄帝之后，黄河流域又先后出现了三位德才兼备的部落联盟首领，他们就是尧、舜、禹。

传说中尧又称陶唐氏，他们的发祥地在今山西汾河流域的运城和临汾。他的生活非常简朴，他住的是用没有修剪过的茅草芦苇、没有刨光过的橡子盖起来的简陋房子，吃的是粗粮，喝的是野菜汤，冬天披块鹿皮，夏天穿件粗麻衣。

舜又称有虞氏，出生在姚墟。舜严于律己，而又宽厚待人。他曾几次遭到继母和同父异母兄弟的陷害，好在他贤惠的妻子巧设智计，才使他化险为夷。他以天下为己任，率领百姓治理水患，发展生产，更是受到高度的赞扬。

禹，古籍记载他公而忘私的精神："劳身焦思，居外十三年，三过家门而不入"；记载其谦逊退让的美德："帝舜崩，三年丧毕，禹辞避舜之子商均于阳城"，以及虚心听取意见，自奉节俭的品格。

讨论交流

1. 齐国的音乐主要表现在哪些方面？音乐在齐国社会中的作用是什么？与同学们交流看法。

2. 你知道大禹三过家门而不入的故事吗？请与同学们一起分享一下吧，从中你受到了什么启发呢？

拓展活动

子在齐闻《韶》，三月不知肉味，曰："不图为乐之至于斯也。"

——《论语·述而》

后人常用"三月不知肉味"来评论孔子痴迷于韶乐的这段佳话，同学们知道这个故事吗？讲给别人听听。

参考文献：《齐文化发展史》《齐文化大观》

第六单元 齐国的教育文化

百年大计,教育为本。教育作为富民强国的根本,在春秋时期就已经比较成熟。

《管子·权修》有"一年之计,莫如树谷;十年之计,莫如树木;终身之计,莫如树人。一树一获者,谷也;一树十获者,木也;一树百获者,人也。"比较全面地提出了长期教育的人才培养观。

创建于齐桓公时期的稷下学宫成为了中国历史上第一次思想解放运动的策源地,成为一个集政治咨询、学术交流、教育培训、科技传播、图书资料为一体的文化中心。

《晏子春秋》提出,用"礼"的教育达到"一民同俗",就是统治者要使得人民的思想风俗一致,从而更好地进行自己的统治。

《管子》提出了"四民分业定居"制度,齐国出现了职业教育的萌芽。可以说,齐国是职业教育的策源地,而作为齐国都城的临淄则是我国古代职业教育的摇篮。

第19课 终身之计

百年大计，教育为本。教育作为一种社会现象，自从有了人类社会就出现了。就教育本身而言，其基本问题就是解决人的发展问题，而人的发展又涉及社会的发展。因此教育在治国中有极其重要的地位，而管仲出于尊贤尚功、富民强国的政治思想，在中国历史上，第一个提出了"百年树人"的口号，突出了教人育才的重要意义。他说："一年之计，莫如树谷；十年之计，莫如树木；终身之计，莫如树人。一树一获者，谷也；一树十获者，木也；一树百获者，人也。"（《管子·权修》）意思是：计收益以一年为限的无过于种谷；以十年为限的，无过于植树；而计以终身之利的，则无过于培育人才。当年得收益的是谷，一年种植十年得收益的是树，一次培育百年得收益的是人。

"终身之计，百年树人"的人才培养观　《管子·权修》中提出"我苟种之，如神用之，举世如神，唯王之门"。意思是如果我们注重培养人才，其效用将是神奇的，而如此举事收得神效的，只有王者之门才能够做到。也就是说，预先有计划地培养和储备人才，这是称王天下的必经之路。只有精心地培育人才，从事大业才能得心应手。

那么何为人才？首先对人才必须要有道德的要求。在《牧民》中把"礼义廉耻"定为国之"四维"。其次，《管子》把那些擅长专门技艺的人，也看作人才。此外，《管子》对人才还有着一定的文化要求，能读《诗》《春秋》的人会给予一定的奖励，并且提出了用人的"三本""四固"原则。

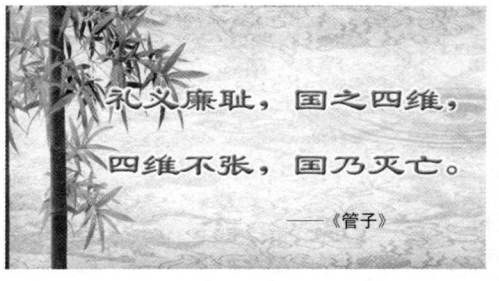

礼义廉耻，国之四维，
四维不张，国乃灭亡。
——《管子》

知识链接

《管子》之四维

《管子·牧民》："国有四维，一维绝则倾，二维绝则危，三维绝则覆，四维绝则灭。倾可正也，危可安也，覆可起也，灭不可复错也。何谓四维，一曰礼，二曰义，三曰廉，四曰耻。"

意思是：治理国家有四种纲领：礼、义、廉、耻。失去一种国家就会产生动摇，失去两种国家就会发生危险，失去三种国家就会被颠覆，四种全部失去国家就灭亡了。动摇了可以扶正，危险了可以拯救，颠覆了还可以恢复起来，灭亡了就再也没有什么举措可以拯救了。

在他看来，礼指上下有节，有礼，人们就不会僭越等级限度。义指以法进仕，有义，就不会妄自求进。廉指明察善恶，有廉，就不会掩饰恶行。耻是羞恶知耻，有耻，就不会顺从邪妄。管仲认为，治国用此四纲，就可使"上安位""民无巧诈""行自全""邪事不生"，于是国可守、民可治。所以，"守国之度，在饬四维""四维不张，国乃灭亡"。

有了人才如何进行培养呢？"终身之计"的人才培养观强调了人才培养的长期性，人才所创造的价值是其他物质所无法比拟的。对于国家来说，人才投资是长远的。当政者必须要有决心和毅力，把人才培养当作事业发展、国家长治久安的核心。

在《管子》看来，树谷和树木是一个短期的、既得利益的问题。而对人的教育和培养则是不同的，这是一个长远的利益问题。如果急功近利，那是鼠目寸光；如果只是盯着未来而不脚踏实地，那是望梅止渴。要谋求国家的长治久安，就必须进行全面的考虑，既要考虑近期利益，也要考虑长期利

> 一年之计，莫如树谷；
> 十年之计，莫如树木；
> 百年之计，莫如树人。
> ——管仲

益，而两者之间，显然后者是更重要的。

"终身之计，百年树人"将人才的教育培养放到了国家存亡的高度来认识。因此《管子》认为做一切事情首先必须要做到"得人"，治军作战要"收天下之豪杰，有天下之俊雄"。（《七法》）治国要"远举贤人，慈爱百姓"。（《中匡》）在人才强国的重要性上，《管子》强调："夫争天下者，必先争人。""是故圣王卑礼以下天下之贤而王之，均分以钓天下之众而臣之。"意思是争夺天下，还必须先得人心。因此，圣明君主总是谦恭卑礼来对待天下贤士而加以任用，均分禄食来吸引天下民众而使为臣属。《管子·霸言》中说："人也，我苟种之，如神用之；举事如神，唯王之门。"人的价值既然是最高的，那么君主就要懂得身体力行，这样办事才可以达到神奇之效，这才是称霸天下的门径。

知识链接

管仲之"三本""四固"原则

"三本原则"：君之所审者三：一曰：德不当其位；二曰：功不当其禄；三曰：能不当其官。此三本者，治乱之原也。故国有德义未明於朝者，则不可加於尊位；功力未见於国者，则不可授与重禄；临事不信於民者，则不可使任大官。（《管子·立政》）

译文：君主需要审查的问题有三个：一是大臣的品德与地位不相称；二是大臣的功劳与俸禄不相称；三是大臣的能力与官职不相称。这三个根本问题是国家治乱的根源。所以，在一个国家里，对于德义没有显著于朝廷的人，不可授予尊高的爵位；对于功业没有表现于全国的人，不可给予优厚的俸禄；对于主事没有取信于人民的人，就不能让他做大官。

"四固"原则：君之所慎者四：一曰：大德不至仁，不可以授国柄。二曰：见贤不能让，不可与尊位。三曰：罚避亲贵，不可使主兵。四曰：不好本事，不务地利，而轻赋敛，不可与都邑。此四务者，安危之本也。

译文： 君主要谨慎对待的问题有四个：一是对于提倡道德而不真正做到仁的人，不可以授予国家大权；二是对于见到贤能而不让的人，不可以授予尊高爵位；三是对于掌握刑罚而躲避亲贵的人，不可以让他统帅军队；四是对于那种不重视农业，不注重地利，而轻易课取赋税的人，不可以让他做都邑的官。这四条巩固国家的原则是国家安危的根本。

讨论交流

1. 管子提出的教育观点实施的前提是什么？
2. 《管子》选拔人才的关键是什么？

拓展活动

思考《管子》提出的"一年之计，莫如树谷；十年之计，莫如树木；终身之计，莫如树人。一树一获者，谷也；一树十获者，木也；一树百获者，人也。"在今天有什么现实意义？

参考文献：

《管子人才观探析》李强华 上海海洋大学

《〈管子〉教育思想研究》曹培培 无锡商业职业技术学院

《〈管子〉人才思想及其现代解读》王华 西北农林科技大学

《〈管子〉与〈晏子春秋〉治国思想比较研究》 邵先锋

第20课　稷下学宫

春秋末期到战国，伴随着社会的动荡和变革，在文化思想领域出现了中国历史上第一次思想大解放、学术大繁荣的黄金时代，形成了百家争鸣的局面。而稷下学宫便是齐国开展百家争鸣的重要场所，稷下学宫创建于齐桓公田午时期，前后经历了齐国六个国君，时间长达一百五十年左右，高潮时期，稷下先生和学士多达一千余人，其中最为著名且可考者就有邹衍、田骈、淳于髡(kūn)、孟子、荀子等十九人。而稷下学宫的创立和兴衰基本上和田齐政权共始终，并随着田齐国力的强弱而兴衰。

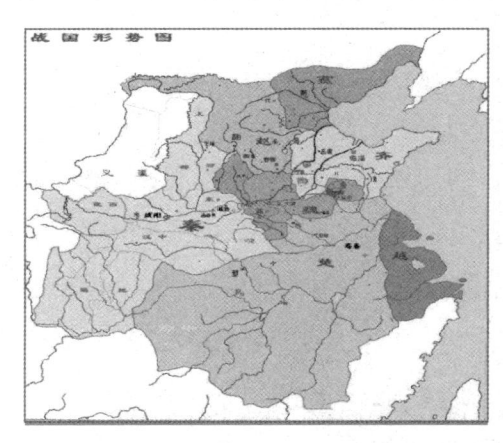

稷下学宫的兴衰历程

稷下学宫创建于齐桓公时期，主要是为了招致天下贤人，"不治而议论"。处于初创阶段的稷下学宫其规模不是很大。到了齐威王和齐宣王执政时期，稷下学宫有了大规模的发展。齐威王即位后任用邹忌为相，发愤图强，使得齐国走上了强盛之路。而作为贤士聚集的重要场所，稷下学宫也有了新的发展，规模逐步扩大，人数日渐庞大。到了齐宣王时齐国的综合国力迅速壮大，同时齐宣王对稷下先生实行了各种优惠政策，使得稷下学宫也发展到了鼎盛时期。但是到了齐湣王时期，独断专横，穷兵黩武，听不进稷下先生和忠臣的谏言和批评。据《盐铁论·论儒》记述："及湣王矜功不休，诸儒谏不从，各分散。慎到、捷子亡去，田骈如薛，而孙卿适楚。"到了公元前284年，燕将乐毅率领五国联军攻打齐国，占领齐国都城临淄，稷下学宫被迫停办，中止了五六年。齐湣王被杀之后齐襄王继位，田单收复齐国，荀子返回齐国，稷下学宫得以恢复，出现了中兴。齐襄王死后，他的儿子建继位，但是因为建年幼，所以由他的母亲执政，对直言劝谏的稷下先生不以为然，而齐国也在这种状态下走向了灭亡，稷下学宫就随着齐国的灭亡走向了终结。

稷下学宫的性质和特点

稷下学宫是为了政治的需要由统治者兴办的，主要是为了招贤纳士，帮助统治者出谋划策，富国强兵的，这就决定了稷下学宫的政治性质。同时，统治者提供的宽松自由的政治环境，使得稷下学宫成为学术交流、文化传播、百家争鸣的阵地，促进了学术的发展与繁荣，这体现了稷下学宫学术机构的性质。可见，稷下学宫具有双重性质。

稷下学宫的性质决定了它的特点。兼容并包，稷下各学派之间不仅自由地辩论和批判，而且在激烈的思想交锋过程中相互渗透、交融与吸收。稷下学宫兴盛时期曾有先生学士数百千人，他们带来了不同国家、不同地域的异质文化，也带来了稷下学的兴盛和稷下学术的繁荣。百家争鸣，诸子百家汇集于稷下，高谈阔论，因为他们的观点、主张不同，所以针锋相对，激烈的学术争论、思想交锋，开阔了人们的视野，丰富了人们的知识，提高了人们的思维能力和认识水平。当时各国统治者都面临着富国强兵等一系列问题，他们需要人才，而稷下先生们虽然主张各不相同，但是为了适应当时的局势，都在不遗余力地推售他们的政治主张，期望统治者能接受自己的政治主张。而统治者正是需要这些主张，使自己在激烈的兼并战争中立于不败之地。理论创新，百家争鸣在稷下的迅速发展突出地表现在学术思想的创新上，由于统治者给予了稷下先生们非常优越的条件，使得他们得以充分地接触和交流，从而碰撞出许多新的思想火花，产生了许多

新的理论和学术流派。

稷下学宫的功能。在不断的发展过程中，稷下学宫成为中国历史上第一次思想解放运动的策源地，成为一个集政治咨询、学术交流、教育培训、科技传播、图书资料为一体的文化中心。

稷下学派简说

稷下学宫是诸子百家展示风采的阵地，凡当时著名的学派都有代表人物来到稷下参与文化交流。主要学派及代表人物如下：

黄老学派及其代表人物。黄老学派以老子之学为基础，兼采儒、墨、名、阴阳五行之说，吸收了法家的法治学说，把"道""法"有机地结合起来，强调法制的必要性。其代表人物有慎到、田骈等。

阴阳家学派及其代表人物。战国时齐人邹衍将阴阳与五行结合起来称之为"阴阳五行学说"，并在稷下学宫形成了一个流派，主要代表人物是邹衍和邹奭（shì）。

墨家学派及其代表人物。墨家学派是稷下学宫的一个重要的流派，提出"情欲固寡""禁攻寝兵"等主张，主要代表人物是宋钘。

儒家学派及其代表人物。战国时期，儒家学派极具威名，成为显学。代表人物是孟子和荀子。孟子主张"民贵君轻"，重视人的作用，认为"天时不如地利，地利不如人和""得道者多助，失道者寡助"。（《孟子·公孙丑下》）荀子，立足于儒道，汇通百家之学，成为集百家之大成的思想家。

故事链接

孟子，曾两度游学于齐，长期活动在稷下学宫。孟子希望用仁政学说说服齐宣王，但是齐宣王一心想争雄天下，他的意见终不被采纳。于是他决意离开齐国。当孟子准备离齐时，宣王试图以豪华的住宅与万钟之粟的待遇来挽留他。孟子以不做唯利是图的"贱丈夫"而推辞。他梦寐以求的是齐国推行他的仁政学说，以

中华传统文化

致于他走到齐国昼邑时，企盼齐宣王追回他，用他的仁政学说治理齐国。然而等了三天没有消息，孟子抱着失望的心情踏上了归程。

纵横家学派及其代表人物。纵横家学派产生于战国时期，代表人物是淳于髡。主张礼、法兼用而倾向法治。主张为政要顺民心，任官选贤任能，督察奸吏。

名家学派及其代表人物。名家学派是稷下学宫中一个重要学派。主要代表人物有尹文、儿说等。尹文主张"以实务名"，儿说善于辩说，以"白马非马"之论折服稷下学宫中众多的著名辩士。

> 儿说，中国战国时期宋国人，游学于稷下，为早期名家学者，是著名的稷下先生。因其能言善辩，而"辩"与"说"同义，又作"儿辩""貌辩"，因其久居齐国，所以又有"齐貌辩"之称。他提出的"白马非马论"，把那些来自天下的学者辩士都驳得哑口无言，因而受到许多人的敬佩。

管仲学派。管仲学派在稷下学宫中具有举足轻重的地位，却又是被后来学术界所冷落的一个学派。管仲学派重发展经济，首先重视农业生产；主张治国礼、法兼用，德治、法治相辅相成。

总之，稷下学宫的创建，稷下学的产生，是先秦文化史上的重要环节，是战国时代百家争鸣的高峰。没有稷下诸子之学，就没有战国时代思想文化上的百家争鸣。

知识链接

弟子职

《弟子职》是稷下学宫的学生守则。比较全面地论述稷下学宫中学生的学习、生活规则和纪律，堪称我国古代乃至世界上最早的学生守则。

对学生的总体要求：

先生施教，弟子是则，温恭自虚，所受是极。见善从之，闻义则服。温柔孝悌，毋骄恃力。志毋虚邪，行必正直。游居有常，必就有德。颜色整齐，中心必式。夙兴夜起，衣带必饰。朝益暮习，小心翼翼。一此不解，是谓学则。

意思就是："先生施教，弟子遵照学习。谦恭虚心，所学自能彻底。见善就跟着去做，见义就身体力行。性情温柔孝悌，不要骄横而自恃勇力。心志不可虚邪，行为必须正直。出外居家都要遵守常规，一定要接近有德之士。容色保持端正，内心必合于规范。早起迟眠，衣带必须整齐；朝学暮习，总要小心翼翼。专心遵守这些而不懈怠，这就是学习规则。"这里，简要地概括了对学生在思想品德、学习、生活等方面的基本要求和注意事宜，可视为学生守则的总则。

同时还详细规定了起居、授课、用膳、洒扫、执炬、就寝、夜读等方面弟子（学生）对先生（老师）的举止行为和语言的规范要求。

讨论交流

1. 稷下学宫有哪些历史影响？
2. 稷下学宫争鸣的主要问题是什么？

拓展活动

参考有关资料，谈谈稷下学宫的建立和发展、兴盛对于临淄教育的发展有什么重要意义？

参考文献：

《齐国文化思想史》刘蔚华、苗润田

《稷下学与先进文化》宋玉顺

《齐都临淄》

《齐文化发展史》邱文山

第21课　一民同俗

"一民同俗"是《晏子春秋》的主要教育主张,意思是统治者要使得人民的思想风俗一致。晏婴提出:古者百里而异习,千里而殊俗,故明王修道,一民同俗。上爱民为法,下相亲为义,是以天下不相违,此明王教民之理也。(《晏子春秋》卷三第十八)意思是说,古时候,相距百里之远,人们的习俗就不相同,相距一千里地,那风俗习惯就迥然有别了。那时,圣明的君主就采取训育教化的方法,让老百姓们的风俗习惯统一。所以,君王和官吏把爱护老百姓作为法则来执行,老百姓则将相亲相爱看作仁义来养成,天下的人因此而互不违逆。圣明的君王就是这样来教育百姓的。

在晏子看来要达到"一民同俗"就要在全国进行"礼"的教育。那么如何进行"礼"的教育,达到"一民同俗"的目的呢?

首先我们来看一下晏婴所处的时代。晏子生活的时期是春秋末期,这是中国古代社会发生大变革、大动荡的时代,社会各方面都在发生着深刻变化。诸侯国的国君上不尊周王,下与官吏勾结欺压老百姓,百姓苦不堪言。而在各诸侯国内,士大夫为了争权夺利互相争斗,甚至出现弑君现象。在这样的背景下,作为辅佐国君的忠臣,晏子认为要以礼治国。他认为:"上若无礼",便"无以使天下";"下若无礼",则"无以事其上";"人君无礼",便"无以临邦";"大夫无礼",则"官吏不恭";"父子无礼",则"其家必凶";"兄弟无礼",则"不能久同"。

晏子使楚

他认为只有通过训育教化,才能从根本上解决目前的问题。

故事链接

齐景公饮酒作乐好几天，脱掉外衣帽子，亲自击缶（一种乐器）奏乐，对身边的人说："仁人也喜欢这样吗？"梁丘据回答说："仁人的耳朵和眼睛，也和人一样，怎么会不喜欢呢？"齐景公说："快去驾车接来晏子（晏婴）。"晏子穿着朝服来了，接受齐景公赐的酒杯并行礼。齐景公说："我非常喜欢这首音乐，想和你一起分享，请不要行礼了。"晏子回答说："您的话错了！大臣们都去掉礼节来侍奉你，我担心这不是君子想要的。如今齐国五尺高的小孩，力气都比我大，也比您大，但是不敢造反作乱，是因为畏惧礼节。上级如果不讲究礼节，就不能使唤下级；下级如果不讲究礼节，就不能侍奉上级。麋鹿就不讲究伦理，所以父子共同拥有一个配偶，人之所以比禽兽高等，就是因为有礼节。我听说，君主没有礼节，就不能统治他的国家；大臣没有礼节，下级就不会尊敬他们；父子之间没有礼节，家庭就会有灾难；兄弟之间没有礼节，就不能长期和睦。《诗经》说：'人如果没有礼节，为什么还不快死。'所以礼节不能省掉。"齐景公说："我对坏人分辨不清，让身边的人迷惑住了，竟到了这种地步，把他们杀了。"晏子说："您身边的人有什么罪？您如果没有礼节，那么喜欢礼节的人就离您而去，没有礼节的人就来了；您如果喜欢礼节，那么有礼节的人就来了，没有礼节的人就离开。"齐景公说："好。让我换上衣服和帽子，再听你教诲。"晏子就回避了，站在门外边。齐景公让人更换酒席，穿戴好衣帽去迎接晏子。晏子进门，做了三个揖，登上台阶，又行三献的礼；品酒尝菜，再次行礼，说已经饱了，然后出来。齐景公离席行礼，送他到门口，回来，命人撤掉酒席停止奏乐，说："我来实践晏子教给我的做法。"

一民同俗的教育对象。只要存在教育，就有教育的对象。那么《晏子春秋》中提出的"一民同俗"的教育对象有哪些呢？《晏子春秋》认为，从礼的方面来说，教育对象不应该局限在"学在官府"的小范围之内，他主张进行全民教育，不仅对臣民，也包括君主在内："礼之可以为国也久矣，与天地并立。君令臣忠，父慈子孝，兄爱弟敬，夫和妻柔，姑慈妇听，礼之经也。"(《晏子春秋》卷七)意思是：礼作为治国的手段，已经很久了，几乎可以说是于天地同时产生。君王善良，臣子忠诚，父亲慈爱，儿子孝顺，兄长仁爱，弟弟恭顺，丈夫和气，妻子温顺，婆婆慈善，媳妇听话，这些就是礼的法则。

在确定了教育的对象之后，教育的内容就成为重要问题了。"一民同俗"的主要教育内容就是"礼"的教育。也就是上下、君臣、父子、兄弟间的处事原则。说到底就是为了维护统治者的统治，上可以奴役下，而下必须得服从上。

为了实现"以礼治国""一民同俗"，首先国君必须要懂得礼，为了使臣民能够"懂礼"从而听从于统治者。晏婴还提出了一系列注重实用的教育方法，其中最常用的就是"以身示范""环境教育""比较教育"。

故事链接

晏子一向都主张以礼治国，实行"善政"，极其反对统治者穷奢腐欲，并直言不讳地指出统治者奢侈腐化无疑是"与民为仇"，最终一定会导致"民叛"，而得罪于民的国君，将遭到"民诛"。一次，齐景公出游麦丘，问那里的一位封人年岁多大？封人答道："八十五岁。"景公说："您真长寿啊！您祝福我吧！"封人先是祝他健康长寿，有益于国家，齐景公不满足；封人又祝他的后代长寿，但齐景公仍不满足，封人无奈，只得说："使君无得罪于民。"齐景公听了不悦地问："只有百姓得罪于君主的，哪有君主得罪于百姓的？"此时，一直站在一旁的晏子听后，却插嘴说："君主错了，难道桀纣不是被百姓诛灭的吗？"

晏婴在教育上倡导的"以礼治国""一民同俗"，也就是全民教育。说明晏婴已经有了普及教育的思想，对于现在我们提出的普及教育及其实施有重要启发作用。而且为了实现"一民同俗"，他提出的以身示范、环境教育等教育方法，以身示范，就是要身体力行，给百姓做榜样，从而更好地去维持统治者的统治。而环境教育和我们今天讲的社会教育、家庭教育有异曲同功之妙，对我们今天教育的发展有着重要的参考作用。

故事链接

晏子将要出使楚国，楚王听说这消息以后，对身边的人说："晏婴是齐国善于辞令的人，现在他要来，我想羞辱他，该用什么办法？"身边的人回答说："等他到来的时候，请让我捆绑一个人在您面前经过，您就说：'这人是干什么的？'我回答说：'是齐国人。'您问：'犯了什么罪？'我回答说：'犯了偷盗罪。'"晏子到了楚国，楚王赐给晏子酒喝，喝酒喝得正畅快的时候，两个官吏捆着一个人来到楚王跟前，楚王说："捆着的人是干什么的？"官吏回答说："是齐国人，犯了偷盗的罪。"楚王看着晏子说："齐国人本来就善于偷盗吗？"晏子离开座位严肃地回答说："我听说过，橘树生长在淮河以南就是橘树，生长在淮河以北就变成枳树，只是叶子相似，它们的果实味道不一样。为什么会这样呢？是因为水土不一样。现在人生长在齐国不偷盗，进入楚国就偷盗，该不会是楚国的水土使人变得善于偷盗吧！"楚王笑着说："圣人是不能跟他开玩笑的。我反而遭到羞辱了。"

讨论交流

"一民同俗"是在什么样的环境下提出的？

拓展活动

阅读《晏子春秋》有关资料，深入了解晏子的教育思想，探讨他的教育思想对于现在的教育有什么借鉴意义？

参考文献

邵先锋：《〈管子〉与〈晏子春秋〉治国思想比较研究》

第22课 四民分业

《管子》提出了"四民分业定居"制度，齐国出现了职业教育的萌芽。可以说齐国是职业教育的策源地，而作为齐国都城的临淄则是我国古代职业教育的摇篮。

在《管子·小匡》篇记载："士农工商四民者，国之石民也，不可使杂处，杂处则其言咙（máng，指言语杂乱），其事乱。"意思是说，士农工商四民，是国家的柱石之民，不可使他们杂居，杂居则说的话、做的事就会混杂。因而管仲提出了要"四民分业定居"，并规定"处士必于闲燕，处农必就田野，处工必就官府，处商必就市井"，把他们分别安排到有利于他们生产的"社区"生活；同时要子承父业，世袭相传，"士之子恒为士，工之子恒为工，农之子恒为农，商之子恒为商"；并提出要求"父兄之教，不肃而成；其子弟之学，不劳而能"，也就是要求父兄将职业技能和职业道德传授给下一代。这样便于进行社会职业教育。其具体内容分为：军士职业教育、农民职业教育、手工业者职业教育、商人职业教育。

军士职业教育 士是四民之首，是统治阶级的下层人员，主要指当时的军士。对他们进行职业教育的内容主要是两个方面：一是对"士"及其子弟进行"义""孝""敬""悌"的教育，来提高他们的伦理道德素质，做到"父与父言义，子与子言孝，其事君者言敬，其幼者言悌。"（《管子·小匡》）二是对他们进行具体的军事训练，提高他们的作战能力，做到"居则同乐，死则同哀，守则同固，战则同强"。

知识链接

《管子·小匡》说：令夫士，群萃而州处，闲燕则父与父言义，子与子言孝，其事君者言敬，其幼者言弟。少而习焉，其心安焉，不见异物而迁焉。是故其父兄之教不肃而成，其子弟之学不劳而能。夫是，故士之恒为士。

译文：让那些士人聚集在一起居住，空闲时父辈之间谈论礼义，子侄辈之间谈论孝道，侍奉国君的人谈论克尽职守，年幼的则谈论兄弟和睦。从小就受到熏陶，他们的思想就安定了，不再见异思迁。所以父兄的教诲不用督促就能实行，子弟的学习无须费力就能掌握。这样，士人的后代就一直是士人。

农民职业教育 当时齐国的农民职业教育主要是在"士农之乡"和"五鄙"之地区内实施。主要内容就是对农民子弟进行农具使用、耕地、收获方面的教育，着力培养农民子弟的农业劳动技能，使他们养成朴实、正直的品德。使得他们"少而习焉，其心安焉，不见异物而迁焉。是故其父兄之教不肃而成，其子弟之学不劳而能。夫是故农之子恒为农"。

知识链接

《管子·小匡》说："令夫农，群萃而州处，察其四时，权节其用，耒、耜、枷、芟。及寒，击菓除田，以待时耕；及耕，深耕良而疾耰之，以待时雨。时雨既至，挟其枪、刈、耨、镈，以旦暮从事于田野。脱衣就功，首戴茅蒲，身衣袯襫，沾体涂足，暴其发肤，尽其四支之敏，以从事于田野。少而习焉，其心安焉，不见异物而迁焉。是故其父兄之教不肃而成，其子弟之学不劳而能。夫是，故农之子恒为农，野处而不暱。其秀民之能为士者，必足赖也。有司见而不以告，其罪五。有司已于事而竣。"

意思是让那些农民聚集在一起居住，了解不同季节的农事，根据不同的农事准备耒、耜、耞、镰等农具，到了冬天，要除去枯草，整修田地，以等待春耕；到了耕种季节，要深翻土壤，抓紧耙土复种，以等待春雨；春雨过后，就带着锄头等农具从早到晚在田里劳作。劳动时脱去上衣，头戴草帽，身穿蓑衣，全身沾满泥土，太阳曝晒皮肤，使出全部的力气在田里干活。从小就安定了，不再见异思迁。所以父兄的教诲不用督促就能实行，子弟的学习无须费力就能掌握。这样，农民的后代就一直是农民。他们居住在郊野而不沾染不良习气，其中能入仕做官的优秀者，一定足以信赖。有关官员见到这样的人才不予推荐，要受到五刑的处罚。他们必须推荐贤才，才可谓之称职。

手工业职业教育　这里的"工",主要是指官府控制下的手工业奴隶,称为"工奴"。他们既可为统治阶级生产所需的产品,又可生产民用产品,但主要还是为统治阶级服务的。对他们主要是针对选材、使用工具、制作器具等方面的技术教育,同时强调要培养他们具有专心致志、不见异思迁的专业精神。让他们聚居在一起,互相谈论工事,展示成品,比赛技巧,提高智慧。使他们"少而习焉,其心安焉,不见异物而迁焉。是故其父兄之教不肃而成,其子弟之学不劳而能。夫是,故工之子恒为工。"

知识链接

《管子·小匡》说:令夫工,群萃而州处,审其四时,辨其功苦,权节其用,论比协材,旦暮从事,施于四方,以饬其子弟,相语以事,相示以巧,相陈以功。少而习焉,其心安焉,不见异物而迁焉。是故其父兄之教不肃而成,其子弟之学不劳而能。夫是,故工之子恒为工。

译文:让那些工匠聚集在一起居住,了解不同季节的产品需要,辨别质量的优劣,衡量器材的用处,选用合适的材料。从早到晚做这些事,使产品适用于四方,用这些来教诲子弟,互相谈论工作,互相交流技艺,互相展示成果。从小就受到熏陶,他们的思想就安定了,不再见异思迁。所以父兄的教诲不用督促就能实行,子弟的学习无须费力就能掌握。这样,工匠的后代就一直是工匠。

商人的职业教育　商有"私商""官商"之分。官商主要是两种:一是从事运输、收购、销售活动的商业奴隶,另一种是管理商奴并率领他们外出做买卖的小官吏。而"私商"则是一些具有平民身份的人。商人的职业教育,就是对这些人包括他们的子弟进行市场行情、价格利润方面的教育。

知识链接

《管子·小匡》说：令夫商，群萃而州处，察其四时，而监其乡之资，以知其市之贾，负、任、担、荷，服牛、轺马，以周四方，以其所有，易其所无，市贱鬻贵，旦暮从事于此，以饬其子弟，相语以利，相示以赖，相陈以知贾。少而习焉，其心安焉，不见异物而迁焉。是故其父兄之教不肃而成，其子弟之学不劳而能。夫是，故商之子恒为商。

译文：让那些商人聚集在一起居住，了解不同季节的营销需要，熟悉本地的货源，掌握市场的行情。或背负肩挑，或车载畜驾，把货物运往四方，用已有的东西来换取缺少的物品，贱价买进高价卖出。从早到晚做这些事，用这些来教诲后代，互相谈论。

生财之道，互相交流赚钱经验，互相展示经营手段。从小就受到熏陶，他们的思想就安定了，不再见异思迁。所以父兄的教诲不用督促就能实行，子弟的学习无须费力就能掌握。这样，商人的后代就一直是商人。

四民分业是中国古代历史最早的职业技术教育，具有四个显著特点：一是它具有鲜明的政教合一的特色，主要是为了统治者富国强兵创建霸业服务的；二是重视社会环境对职业教育的作用；三是子承父业、世代相传，也就是重视家庭教育；四是"四民分业"的职业教育是终身教育，符合职业教育的终身性要求。

但是，四民分业定居限制了人的全面发展，只是重视教育的环境，忽视了教育的过程、方法等，子承父业又忽视了人的主动性。

讨论交流

1. 学习和阅读有关资料，分析齐国职业教育的特色。
2. 探讨中国职业教育的起源。

拓展活动

如何理解齐国的职业教育对我国后世职业教育的影响？

参考文献：

《齐文化发展史》

邵先锋：《〈管子〉与〈晏子春秋〉治国思想比较研究》

刘蔚华、苗润田：《齐国文化思想史》

第七单元 齐国的生活文化

原始的洪荒时代，人类的衣食住行非常简陋，正如《礼记·礼运》所述："昔者先王，未有宫室，冬则居营窟，夏则居橧巢；未有火化，食草木食，鸟兽之肉，饮其血，茹其毛；未有麻丝，衣其羽皮。"由野蛮时代走向文明时代，最能代表其进程的首先是衣食住行。古代齐国，农、工、商诸业并举，东夷人和齐人不再披发纹身，而穿起裘皮、丝绸制的衣裳；不再"未有火化，食草木实"，而是"常食用谷类蔬菜等物，多蒸而食，蔬菜多旧羹，又食肉之风亦盛行"；不再居营窟橧巢，而住夯地基、深墙基、木骨土墙的建筑；不再徒步行走，而代之以车、船。

本单元探讨齐国的生活文化。

第23课　饮　食

齐国因临山濒海，地理环境优越，食物种类丰富，饮食文化十分发达。当今闻名于世的鲁菜，与齐地饮食文化不无关系。

主食

华夏族自古以农业为主，以谷物为主食，尽管齐地先民东夷人以狩猎为生，但主食仍以五谷为主，故《管子·修权》有"一年之计，莫如树谷"之说。关于齐地主食，见之史书最多的有粟、菽、黍、麦等。粟，即稷，脱壳后叫小米。粟在古代很长一段时间内是最重要的粮食，因而有时也把它作为粮食的通称。从历史记载来看，齐地主食中以食粟最多。《晏子春秋》记载，晏婴批评齐景公奢侈浪费而不散发公粟救济百姓，"府粟郁而不胜食，又厚藉敛于百姓，而不以分馁民。"《晏子春秋》还记载，身为相国的晏子非常俭朴，"食脱粟之饭"，由此观之，齐地古代最为普遍的主食为粟。作为齐地的主食，名相管仲甚至把发展农业，多种植粟作为治国之道之一，"民事农则田垦，田垦则粟多，粟多则国富。国富则兵强，兵强者战胜，战胜者地广。是以先王知众民、强兵、广地、富国之必生于粟也。"粟的重要性由此可见一斑。

齐地的另一主食为菽。菽即豆，上古只称菽，汉以后叫豆。菽在齐国是仅次于粟的主食。《管子·重令》把菽粟相提并论，说："菽粟不足，末生不禁，民必有饥饿之色。"认为菽粟生产不足，人民必定要挨饿。另外《晏子春秋》记载，齐景公起用晏子，想要像齐桓公重用管仲那样，"能遂武功而立父德"，称霸诸侯，晏子认为这是不可能的，因为其中一条原

管仲（约公元前723或前716年－公元前645年）汉族，名夷吾，又名敬仲，字仲，春秋时期齐国著名的政治家、军事家，颍上（今安徽颍上）人。

一年之计，莫如树谷；
十年之计，莫如树木；
终身之计，莫如树人。

因就是齐景公"菽粟深藏，而积怨于百姓"。除粟、菽外，古齐地常吃的主食还有黍、麦。黍即黍子，又叫黄米。麦有大麦小麦之分。《管子·轻重丁》载："正月之朝，谷始也；日至百日，黍秋之始也；九月敛食，牟麦之始也。"在此将黍、麦与粟连称，可见其在当时的重要性。粮食收成之后，人们将其加工成熟食，主要有饼、糗、粥等。米麦等炒熟后称为糗，可做干粮吃；粥，即稀饭。

肉食

齐地先民东夷人曾以狩猎为生，因而古代齐国人都喜欢食肉。儒学经典《论语》载："子在齐闻韶，三月不知肉味。"说的是孔子在临淄学习韶乐，因为太专心，吃饭时竟然连肉的香味都吃不出来了，直到三个月学成后才重新吃出肉的香味，可见当时人们确实是吃肉的。

《管子》在介绍稷下先生的饮食时说："凡置彼食：鸟兽鱼鳖，必先菜羹。"意思是，凡一

孔子闻韶处
孔子闻韶处位于山东省淄博市临淄区齐都镇韶院村。民国九年《临淄县志》载：清嘉庆时，于城东枣园村掘地得古碑，上书"孔子闻韶处"

般上菜程序：肉食之前，必先上蔬菜羹汤。通过《管子》，我们还能看出在古代齐国，马牛羊鸡犬豕"六畜"饲养已很普及。管仲曾建议齐桓公对努力耕作的良民以肉干和美酒进行奖励："脯二束，酒一石以赐。"《晏子春秋》还记载了食狗肉之事：齐景公想厚葬一条狗，晏子严正地指出他这是弃财取乐、危害国家的荒唐邪僻之举，景公只好"趣庖治狗，以会朝属"，让厨师把狗煮了，犒劳群臣。

除"六畜"外，齐地亦食鱼、鳖、狩猎物。《管子》载："江海虽广，

池泽虽博，鱼鳖虽多，网罟必有正，船网不可一财而成也。"又据《晏子春秋》载，齐景公曾"以鱼五十乘赐弦章。"《战国册》《史记》均记载了《长铗歌》之典故：策士冯谖（xuān）因孟尝君手下人看不起他，给他吃粗劣的食物，他便弹剑而歌曰："长铗归来乎，食无鱼！"孟尝君知道后，便吩咐手下人也给冯谖吃鱼，让他享受与其他门客一样的饮食待遇，可见当时齐国人吃鱼已很普遍。

果蔬

春秋战国时期，齐民已经懂得种植蔬菜水果。"六畜育于家，瓜瓠荤菜百果具之，国之富也。"（《管子·立政》）这里说的荤菜，是指辛辣的菜，如姜、椒、葱、蒜、韭等；瓜指冬瓜、南瓜、黄瓜等蔬菜类瓜；瓠就是"葫芦"。《管子》《左传》均记载了"瓜熟而代"的故事。齐襄公派连称、管至父两位将军戍守边疆葵丘，约定瓜熟季节换戍，结果又到了吃瓜的季节了，齐襄公没有兑现诺言，酿成齐国内乱，襄公被杀。这说明当时已开始种植水果。为鼓励人民积极种植果蔬，政府还进行政策引导，如《管子·山权数》曰："民之能树瓜瓠荤菜百果使蕃裕者，置之黄金一斤，直食八石。"意指有善种瓜果蔬菜使其产量提高的，立黄金一斤的奖赏，值粮食八石。

酒

古人很早就懂得酿酒。当时的酒都是以黍为原料酿成的。齐人好酒是有名的，齐国故都出土的国宝牺尊及饮酒器具，都说明齐国饮酒之盛。春秋战国时的齐国，从国君到百姓，无不好酒。《管子》中主张："积者立余食而食，美车马而驰，多酒醴而靡，千岁毋生食。"齐景公则身体力行，《晏子春秋》记载："景公饮酒，醒，三日而后发。"甚至"饮酒，七日七夜不止"。

讨论交流

1. 《管子》说:"一年之计,莫如树谷;十年之计,莫如树木;百年之计,莫如树人。"结合句子中提到的谷,说说齐国的粮食作物有哪些?
2. 齐国的果蔬有哪些种类?

拓展活动

　　酒在中国已有数千年的历史了,山东人从古到今以爱饮酒、擅饮酒而著称于世,你怎么看酒在人们生活中的作用?结合当前的酒驾现象你认为我们在饮酒时应注意什么?

参考文献:《齐文化大观》

第23课　服　饰

　　制作服饰是人类独有的生活技能，是人类智慧的结晶，它有自身古老的传承，民俗学理论中有关服饰起源的解释有实用、遮羞、美观三种说法。《墨子·辞过》载："古之民未知为衣服。"后来圣人定衣服之法是为了"适身体、和肌肤"，强调衣服御寒防晒的实用功能。《白虎通·衣裳》载："衣者隐也，裳（读cháng）者障也，所以隐形自障闭也。"强调了服饰遮蔽体肤的伦理功能。《韩诗外传》载："衣服容貌者，所以悦目也。"强调了衣服的审美功能。进入阶级社会后，服饰又增加了区别等级行业、显示礼仪、表彰功德等功能。因时代久远，春秋战国时期的齐国服饰已难详考，只能从史书文献的记载和出土文物中略知一二。从原始社会后期到商周时代，华夏族的服饰基本定型，这就是：束发为髻、冠冕弁帻、上衣下裳、束带系韨。

冠冕

　　冠是贵族男女所戴的"帽子"。古代蓄长发，用发笄绾住发髻，然后再用冠束住。冕是冠中比较高贵的一种礼冠，为黑色。

知识链接

为什么古代皇帝的冠冕都有两串珠子的"小门帘"？

　　据考作用有三：1. 身为领袖，必须在下属面前保持适度神秘感——不要喜行于色尽在脸上；2. 身为领袖，必须洞察大体而不必纠缠于细节——让小事扰乱心智则无法高屋建瓴；3. 身为领袖，必须时刻提醒自己保持威严——坐歪行偏，珠子就会打脸。

　　齐国盛产冠冕，故《史记·货殖列传》有"冠带衣履天下"的记载。齐国以戴冠冕来划分等级，《管子·立政》曰："生则有轩冕、服位、谷禄、田宅之分。"意思是说人活着的时候,在乘车、戴帽、职位、俸禄、田宅等方面,都要有所区别。《晏子春秋·内篇谏下》中载晏婴曾劝谏齐景公"冠足以修敬,不务其饰……冠无觚蠃之理,身服不杂彩,首服不镂刻"。意思是说戴帽子能足以表示严肃恭敬就行了,不要讲究帽子的装饰,更不必追求什么方圆棱角。当时齐国的冠冕是在冠圈两旁有两根小系带,叫作"缨",可以在颔下打结。《史记·滑稽列传》曰:"淳于髡仰天大笑,冠缨索绝。"

衣裳

现代的衣裳一般指上衣,古时上衣曰衣,下衣曰裳(读 cháng),如《诗经·齐风·东方未明》说:"东方未明,颠倒衣裳。"即指因黑暗看不清楚,衣裙相互交错。

知识链接

上衣下裳: 是我国古代一种服饰制度。上身穿衣,下体穿裳。《易经》中说此制为黄帝、尧舜时所创,取之于天地的形与色。天在上,地在下,故衣在上,裳在下;天未明时为黑色,地为黄色,故衣为玄(黑)色,裳为黄色,此为我国古代最基本的服饰形制。

远古时的东夷人披发纹身,到齐国建立时,齐人才开始有服制。《管子·立政》专门制定了齐国服制:即使身份高贵,没有那样的爵位也不敢穿那样的衣服;天子衣服的花纹样式有明文规定,将军大夫穿朝服,一般官吏穿命服,士只在衣带边缘上有所标志,夫人不能穿常服祭祀宗庙;平民不敢穿杂有文彩的衣服,工匠、商人不得穿羔皮和貂皮的衣服,受过刑和正在服刑的人不能穿丝料的衣服。

春秋时齐国这种服制,在社会上得到普遍实行。《晏子春秋·内篇谏上》曰:"景公之时,雨雪三日而不霁,公被狐白之裘,坐于堂侧阶。"裘是有毛的皮袄,毛向外,裘以狐皮为贵,狐皮中白狐皮最昂贵,是用许多狐狸的白腋毛拼接而成的，古代有"千羊之皮不如一狐之腋"之说。《史记·孟尝君列传》记载：孟尝君在秦国被囚，便派人向秦昭王的幸姬求救，幸姬"愿得君狐白裘"，但孟尝君已将自己珍藏的狐白裘送给秦昭王，危急之下，派一名会"狗盗"的门客去秦昭王的府库盗回已送出的价值千金的狐白裘，献给秦王幸姬，才得以脱险。

另据记载，在春秋战国时期流行的"齐纨""鲁缟""卫锦""荆绮"等纺织品中，齐纨最受欢迎。

知识链接

"纨绔子弟"的来历

古代贵族人家穿的裤子常以洁白的细绢"纨"制作，称作"纨绔"，从西汉开始，用来指富贵子弟，《汉书·叙传上》叫作"绮襦纨绔"。杜甫有诗"纨绔不饿死，儒冠多误身"。后来又转义为不务正业的富贵子弟，即"纨绔子弟"。

穿不起裘衣和丝绸的齐国庶民百姓，其衣着以实用为主，多以褐为服装，以便于劳作。"褐"为短上衣、紧身裤装的粗布衣服。《晏子春秋·内篇谏上》记载，齐景公时，大雨接连下了十七天，每乡百姓房屋坏了的不下数十家，饥寒交迫者每里（古代一种居民组织，先秦以二十五家为里。）皆有数家，"百姓老弱，冻寒不得短褐，饥饿不得糟糠，敝撤无走，四顾无告。"《晏子春秋》还记载了一个"景公流涕"的故事，说齐景公登上牛山，北望繁华的齐国都城及大好河山，伤感自己年事已高，不能永享荣华富贵，不禁涕泪交加，晏婴进谏说，假如人能长生不老的话，我们齐国将永远处于开明君主姜太公和丁公吕及等人的统治之下，而齐桓公、齐襄公、齐文公、齐武公等稍晚些的有为之君将担任宰相、将军之职，至于你，只有"笠衣褐"，扛起锄头耕田种地的份！很显然，褐是平民百姓在生产生活中穿的日常衣服。

古人在上衣外面要系大带或革带。大带即丝带，在腹前打结，余下部分下垂，称作绅，丝带除束衣外，还用来缙笏，笏是大臣朝见时手执的用以记事的狭长板，故古代高官也称"缙绅"，即"缙笏而垂绅带也"，后来的官绅、乡绅、士绅均由此而来。

革带即皮带，用来拴挂各种佩饰，前面有衣带钩连接。带钩相当于现代的皮带扣，先秦时用青铜制作。《管子·大匡》有"管仲射桓公中钩"语，即管仲用弓箭射中了齐桓公的衣带钩。

战国铜衣带钩

履舄

履舄即鞋子。在古代有登堂脱鞋的习俗，否则对主人不敬，《吕氏春秋·仲冬纪》载，齐闵王有病，医者文挚认为，激怒他，就能治好，不脱履而登堂，以激怒齐闵王。结果齐闵王的病给治好了，文挚却因失礼被烹死了。《晏子春秋·内篇谏下》中记载齐景公的鞋子以金丝为鞋带，良玉做带孔，鞋上装饰银、珠。

讨论交流

衣服的最初功能是什么？后来又有了哪些功能？与同学们讨论：作为新时代的学生，着装时应注意什么？

拓展活动

与同学们学习有关齐桓公姜小白上台的历史故事，想想齐桓公后来为什么能成为春秋五霸之首？我们应该向他学习什么？

参考文献：《齐文化大观》

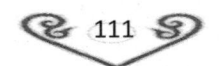

第25课 居住

从考古发掘和文献记载看，春秋战国时，齐国宫室为夯基，土木石结构。《晏子春秋》曾记载晏婴向齐景公讲述古代圣王爱民行善、德义治国的事迹，并说："土事不文，木事不镂，示民知节也。"即建筑宫室时，土石垒砌不讲究文饰，用木支撑不讲究镂花雕饰，让百姓看到后懂得节约。这就道出了当时从上到下的建筑主料为土、石、瓦、木。齐国的宫室一般坐北朝南，主要构成部分有堂室、庭院、基础及门户窗等。

堂室

宫和室都是房屋，但在范围上有所区别：宫为总称，指整所房子，包括外面的围墙；室只是其中的一个居住单元。秦以前，宫指一般的房屋住宅，没有贵贱之分，秦汉以后，只有王者所居才称为宫。堂是宫室、房屋的主体建筑，一般作为祭祀、视朝、接待宾客、议事等用。堂后的建筑为室，用于寝居，普通民居一般为一堂二室，也有三室或四室的；若是宗庙，室则用于存祖先衣冠。《史记·齐太公世家》载："崔杼妻入室，与崔杼自闭户不出，公拥柱而歌。"

知识链接

升堂入室：它的原意是对这家人家已十分熟悉，不仅能登前边的堂，还可以入后面的室。后引申为学术上的造诣达到上乘境界。

庭院

所谓庭，即指堂前的露天空地，面积一般较大，庭中一般还种植槐、柏等树。堂后与室之间，一般也有露天的空地，叫后庭，后来称为院。所以《管子》有"十至于私人之门，不一至于庭"的记述。

基础

古代庭院示意图

古人用土捣实作墙，筑土前先夯实墙基，垫砌石块，叫作"基"；木材构成房架，每根木柱下也要垫上大石块，称为"础"。基础是整个建筑赖以建立的依靠，所以基础一定要很牢靠。齐国建筑宫室房屋也是先打基础，目前齐故城残存的宫室遗址多为当时的基础。《晏子春秋》记载，齐景公建筑宫室，不但要筑基础，而且还要修饰雕绘。

门、户、窗

古代门和户有区别，双扇的叫门，单扇的叫户。宫室从外到内，凡正中的门都是双扇大门，其他的室门则是单扇的户。《史记·齐太公世家》曾有记载，说晏婴在崔杼家的门外，即指两扇的大门；另有记载说："桓公尸在床上六十七日，尸虫出于户。"就是说齐桓公姜

齐国古城墙遗址

小白被活活饿死六十七天后，尸体腐烂变质，蛆虫从单扇的门缝隙中爬了出来。

窗户古时只称为窗，户边的窗叫牖，朝北的窗叫向。

中华传统文化

台

　　齐国宫室建筑以高台建筑闻名。台，高而平，一般供远望或游观之用，其上一般都建有建筑，以木构建筑榭最多，其特点是只有柱没有壁。见之于《左传》《管子》《晏子春秋》的有坛台、栈台、雪宫台、鹿台、路侵台等。现存的有桓公台、雪宫台、梧台、遄台等遗址。齐国之所以大兴台榭，管仲在《管子》中讲得非常明白，是调整经济的国策，他认为如果不建高台亭榭、修华丽宫室，各种木材就没有出路，也就是说搞建设是为了刺激经济发展。

遄台遗址（齐都镇小王村南）

讨论交流

　　古代齐国为什么要建造华丽的宫室和高台？对刺激经济发展、拉动国内需求是否有影响？联系现实，与同学们讨论大型公共设施建设对促进就业、拉动经济发展的作用。

拓展活动

　　面对目前全国性城市商品房价格偏高的现象，你认为应该采取什么措施让人民买得起房，生活得更幸福。

参考文献：《齐文化大观》

第26课　交　通

我国的车船，不知起源于何时。《史记·夏本纪》说夏禹"陆行乘车，水行乘船，泥行乘撬，行山乘桥"。如果记载可靠，那么早在夏代之前，适应不同需要的车、船、撬、桥等交通工具就已经发明并开始应用。史书文献和考古发掘都表明，古代齐国的主要交通工具是舟车。《管子》详细记载了齐国有个叫奚仲的工匠擅长造车。齐国故都也发现了规模巨大的车马坑、殉马馆，而且都是真车真马，比秦始皇的兵马俑时间更早，考古价值更高。

秦代以前，车马是相连的，一般来说，没有无马的车。因此，古人所谓御车也就是御马，所谓乘马也就是乘车。齐国的车以战车最为常见，一辆战车通常配四匹马，合起来称为"一驷"或"一乘"。战车上通常坐三人：驾车者称御，居中央，两手各执四辔以御四马；主帅一人，居左，负责击鼓指挥作战；副手一人，居右，称戎右或右，负责执戈作战。《左传》还详细记载了齐晋之战时双方战车情况。春秋战国时期，衡量一个国家强弱，往往以战车的多少为标志。《论语》曾言："齐景公有马千驷"。

齐国的车除作为战车用于军队外，还是贵族大夫及平民百姓的主要交通工具。《庄子》曾记载了"螳臂当车"的故事：齐国国王庄公乘车出门打猎，有一只螳螂举起脚，准备和他的马车车轮子搏斗。庄公问他的车夫说："这是什么虫啊？"车夫说："这是螳螂。作为虫来说，它是

螳臂当车

那种只知道进不知道退的，不估计一下力量对比就轻率和敌方对阵。"庄公说："这虫子要是人，必定是天下勇士啊。"于是让车绕道避开了它，后来勇士们纷纷投奔了庄公。

《晏子春秋》和《史记》都曾记载了晏婴的车夫的故事：晏婴担任齐国之相时，有一天出去，车夫的妻子从门缝里偷看她丈夫。她丈夫替国相驾车，坐在伞盖下，用鞭子同驾车前的四匹马，趾高气昂，十分得意。车夫回来后，他妻子要求离婚，车夫问她是什么原因，妻子说："晏子身高不满六尺，身为齐相，名闻各国。今天我看他出门，智谋深远，态度谦虚。现在看看你，身高八尺，却做人家的车夫，可是看你的样子，好像还觉得很满足，我因此要求离婚。"从此之后，她丈夫处处收敛，谦卑多了。晏子觉得奇怪，就问他怎么回事，车夫据实相告，晏子就推荐他做了大夫。《晏子春秋》还记载："晏子朝，乘敝车，驾驽马。"这都证明齐国贵族的主要交通工具是车。齐国对车马匹配有明确规定：受过刑和正在服刑的人不能穿丝料的衣服，也不得备车和坐车。

齐国的主要交通工具除车外，还有舟，即船。齐国西边有小清河，北边有渤海，内有淄河、系水等河流，渔业又很发达，离开船是不行的。有关齐国历史的文献中，已有舟船的记载。《史记》和《管子》都记载了一个故事：齐桓公与夫人蔡姬在船上饮酒，蔡姬水性好，故意摇晃船吓唬桓公，桓公很害怕，制止蔡姬，蔡姬不听，于是齐桓公将其迁送回国。《管子》还记载了用建造精美的船只和车子来刺激经济发展的方针政策。

古代齐国为适应政治、经济、军事等需要，修筑了四通八达的陆路、水路交通线。陆路，以十余条道路为骨架，联结通往"五鄙""五都"的多级道路，构成一张以临淄为中心的交通网，并设有驿站和馆舍。水路有以黄河和济水及人工运河为主构成的济渭交通线、有通往吴越等国的海上交通线，境内河流密布，大多坡缓水宽，宜于行舟，是齐国水上交通要道。

讨论交流

与同学们讨论：古代权贵为什么要用车马及其他贵重物品，甚至用活人殉葬？对国家、社会有什么危害？想想现在国家为什么推行殡葬制度改革，并对从俭办理者予以经济补助。

拓展活动

现代的交通运输方式主要有陆路（公路、铁路、管道、地铁等）、水路、空运（飞机、火箭），你认为未来的交通将会如何发展？

参考文献：《齐文化大观》

第八单元 齐国的精神文化

　　精神文化是在物质文化基础上衍生出来的，是物质文化的核心载体。包括文化精神、文化道德、价值观念、文化理想、行为准则等。在不同的领域，其具体文化精神有不同的表现和含义。

　　齐文化作为我国传统文化的重要源头之一，它对中华民族精神的形成起到了重要作用。概而言之，齐国的精神文化主要有以下几个方面：1. 主变合时的革新精神。与时俱进，求新、求变、求活，敢于打破常规。2. 海纳百川的开放精神，视野广阔，胸怀博大，大开大合，纵横捭阖。3. 因地制宜的务实精神，从实际出发，脚踏实地。4. 兼容并蓄的包容精神，以宽厚之德包容万物。这四方面的精神在齐文化中有着突出的体现。

　　本单元将寻觅那植根于齐文化中闪光的精神，吸取其中的有益营养。

第27课　主变合时的革新精神

古人云，穷则变，变则通，通则久。变革，就是与时俱进，求新、求变、求活，敢于超越前人，敢于突破自我，敢于打破常规。这种主变合时的革新精神，在齐文化中有着突出的体现。在齐国历史上，先后发生了三次变革，每一次变革都为齐国注入了新的血液，使其焕发出朝气蓬勃的活力，也使得齐国一步步走向强大。

姜太公变革　齐开国君主姜尚封齐以后，以政治改革家的智慧胆识，从实际出发，把殷商时代东夷族的习俗及其文化传统与西方新兴的姬周集团的政风、制度加以融合，采取了"因其俗，简其礼"的治国方略，确立了"尊贤尚功[①]"的基本国策，牢固地奠定了齐国政治革新和文化传统的基础。

第一，政治上"尊贤尚功"。打破了周王朝"亲亲上恩[②]"的等级理制，调动了齐地东夷人的建国积极性（见《吕氏春秋·长见》）。第二，经济上"便鱼盐"之利。依据"齐带山海，膏壤千里，宜桑麻，人民多文采布锦鱼盐"（《史记·货殖列传》）的客观自然条件和传统习俗，劝女功，通鱼盐，开创工商立国之先河。第三，行仁政施德智以济民生。太公顺应齐地舒缓达观、自由开朗的社会风尚，没有强制推行烦琐严峻的周礼，而是"因其俗""与民同利"，实行"平民易近"的仁政德智。第四，尊重并光大了齐地的传统信仰。太公尊重并认可了齐地"书社"组织的祭天敬祖等社会活动。

桓管改革　齐桓公时，管仲相齐。桓管开始了齐国历史上第二次革新。采取"修旧法，择其善者而业用之"的政治变革方略，实行"国野分治"，创立了"辅宰制""五官制""国鄙二轨制"选贤举能的"三选之法"等，使"匹夫有善""可得而举"。桓管称霸时的"相地衰征[③]"、均田分力、四民分业、几而不征等一系列系统而深刻的变革，使齐桓公"九合诸侯，一匡天下④",成就霸业。

在行政方面,划分和整顿行政区划和机构,把国都划分为六个工商乡和十五个士乡,共二十一个乡。十五个士乡是齐国的主要兵源。把国政分为三个部门,制定三官制度。工业立三族,商业立三乡,川泽业立三虞,山林业立三衡。郊外三十家为一邑,十邑为一卒,十卒为一乡,三乡为一县,十县为一属,全国共有五属,设五大夫。每年初,由五属大夫把属内情况向齐桓公汇报,督察其功过。全国形成统一的整体。

齐桓公与管仲

在军事方面,强调寓兵于农,规定国都中五家为一轨,每轨设一轨长。十轨为一里,每里设里有司。把保甲制和军队组织紧密结合在一起,每年春秋以狩猎来训练军队,提高了军队的战斗力。规定全国百姓不准随意迁徙,人们之间团结居住。做到夜间作战,只要听到声音就辨别出是敌我;白天作战,只要看见容貌,大家就能认识。规定犯罪可以用盔甲和武器来赎罪。犯重罪,可用盔甲与车戟赎罪;犯轻罪,可以用车戟赎罪;犯小罪,可以用铜铁赎罪。这样可补充军队的装备不足。这是一种社会与军事相结合的战斗体制,亦为后来大规模的战争作了准备。

在经济方面,统一铸造、管理钱币,制定捕鱼、煮盐之法,鼓励与境外的贸易;实行粮食"准平"政策,这种"准平"制是一种平衡粮价的政策,间接承认了农民自由买卖粮食的权利及自由私田的合法性,保障了私田农的生产利润。提出"相地而衰"的土地税收政策,根据土地的好坏不同,来征收多少不等的赋税。这样使赋税负担趋于合理,提高了人民的生产积极性。

在外交方面，奉行尊王攘夷的外交路线。"尊王"，即尊崇周王的权力，维护周王朝的宗法制度。"攘夷"，即对游牧于长城外的戎、狄和南方楚国对中原诸侯的侵扰进行抵御。

经过了内政、经济、军事等多方面改革，齐国出现了人民富足、社会安定的繁荣局面。

管仲的变法虽然使齐国迅速发展，国力强盛，外交策略也相当成功，恩威并用，各国诸侯都尊重齐国，使齐桓公成为了春秋时期第一个霸主。但整体而言，这些改革主要是针对经济基础方面的，没有触及上层建筑，旧的世卿世禄制仍然发挥作用，改革具有不彻底性。原因是管仲代表的是奴隶主阶级。

齐威王变革 齐威王时，在政治改革方面采取了严罚重赏、整顿吏治、悬赏求谏，发展稷下学宫、创立黄老之学等一系列措施，《史记》有评："威王始以齐强天下""齐最强于诸侯，自称为王，以令天下"。

威王拜平民邹忌为相。大刀阔斧整顿吏治，使左右皆奉公执法，官吏不敢饰非。广开言路，接纳诤谏。

齐威王不拘一格重用人才。例如与惠魏王比宝，惠魏王的宝是夜明珠，齐威王的宝是能治国安邦的人才。齐威王以人为宝，他不记出身贵贱提拔和重用人才，如重用其貌不扬的淳于髡为上卿，他出使外国，不辱使命；以平民邹忌为相，大搞吏治改革，使齐振兴如桓管之盛世。以刑余之贱人孙膑为军师，桂陵、马陵之战，数挫强魏，使齐最强于天下。

变革中的民本思想 "以人为本"的观点，是齐国民本思想的精华。民本思想肇始于姜太公"因其俗、简其礼"；发展于管仲"与民同好恶"、晏婴"薄于身而厚于民"；成熟于孟子、慎到等稷下先生的民本理论。提出了"因民俗""从民欲"的政治主张；提出了"富民""惠民""利民""恤民"的经济举措；提出了"尊贤尚功""与民同乐""百家争鸣"的文化建设理念。齐国的政治家能够提出"人本""民本"主张，这是非常了不起的。齐国的民本思想对后世产生了积极影响。

故事链接

齐威王、魏惠王相约一起到郊外去打猎。魏惠王骄傲地问道："齐国可也有什么宝物吗？"齐威王答道："没有。"魏惠王扬扬得意地说："我的国家虽小，倒还有直径那么大的，可以照亮前后十二辆车的明珠十颗。像齐国这样大的国家，怎么反而没有宝物呢？"齐威王答道："我所看重的宝物和您不同。我有个大臣名叫檀子，派他去守卫南城，楚国就不敢来犯，泗上的十二诸侯都争先来朝觐。我还有个大臣叫盼子，派他去守卫高唐，赵国人就不敢到东边的黄河里来打鱼。我的下级官吏中有个名叫黔夫的人，派他去治理徐州，燕国人和赵国人都要望风祝祷，搬到徐州来归化的就有七千多家。我的臣子还有个名叫种首的，派他防守盗贼，能做到没人捡路上的失物。这四个臣子的辉光，能照耀千里之远，岂止十二辆车呢！"魏惠王听了这一番谈论，脸上现出掩盖不住的惭愧。

注释：
① 尊贤尚功：尊重贤才，按政绩用干部举贤任能，唯才是举。
② 亲亲上恩：亲近亲属，多施恩德。
③ 相地衰征：相，视也；衰，差等也；征，征取也。意思就是说，按照土地肥瘠的不同，征收不额的租税。
④ 一匡天下：匡，纠正；天下，原指周天子统治所及的地方，即整个中国。纠正混乱局势，使天下安定下来。

讨论交流

认真阅读本课，以小组为单位，广泛查阅相关资料，交流下面几个问题：姜太公的"因其俗，简其礼"改革体现在哪些方面？管仲改革的内容是什么？局限性在哪里？齐国的三次改革在历史上起到了怎样的作用？

拓展活动

改革开放四十多年来，中国发生了天翻地覆的变化，经济社会取得举世瞩目的成就，中国人民正走在全面建成小康社会的康庄大道上。我们了解了齐国的改革，联系今天的改革开放，请以"说改革"为题，写一篇文章，发表你对改革的见解。

参考文献：《齐国故都临淄》齐鲁书社

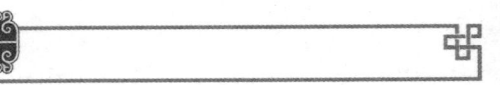

第28课　海纳百川的开放精神

所谓开放性，就是视野广阔，胸怀博大，大开大合，纵横捭阖。

经济开放　姜太公建国伊始，就积极推行"变通商"政策，"通工商之业，便鱼盐之利"，大搞开放型经济。齐国的商业型经济，是开放性的经济。齐国地处沿海，人们早就有从多方面谋生的生活方式。姜太公建国初期，地薄人少，不适于单纯发展农业，他采取了农、工、商并重，多种经营发展经济的方针。为齐国后来经济发展打下了坚实基础。管仲执政期间，发扬光大了太公开放的经济政策，积极利用本国自然资源的优势，利用齐国优质的服务和优惠的税收政策，使"天下商贾归齐若流水"，都纷纷到齐国来做生意，使齐国的商品经济空前繁荣，高度发达。到了战国时期，齐都临淄就成了商贾云集的海内一大都会。

举火爵宁戚

人才开放　《管子·牧民》说："毋曰不同生（姓），远者不听；毋曰不同乡，远者不行；毋曰不同国，远者不从。"①这三句话体现了齐人容纳百川的胸怀和深刻的开放思想。尚贤举能，令有德有才的人都有机会为民出力、为国建功。这条方针后来沿为齐国治国和用人的一种政治传统。管仲相国，提出"俗之所欲，因而予之，俗之所否，因而去之"②的主张。战国时期，像淳于髡那样社会地位低微的人也能被当世君主所重用。

齐国在选人用人方面不拘一格，唯才是举，在先秦诸国中表现独树一帜。国内各阶层的人士，甚至包括当时在别的国家身份低微的妇女，只要有才，均可以引起统治者的高度重视，予以重用。像出身寒门的田穰苴，身为赘婿的淳于髡，下级官吏的田单等，均能在齐国脱颖而出，充分展示自己的才华。还有一些外国人如卫国人宁戚、陈国人田完，来到齐国后不但没有受到冷遇，而且还分别给予了一定的官职，使他们能发挥自己的才能，为齐国所用。

文化开放 齐国学术思想的发展同样体现了开放精神。学术思想上有一种民主的学术空气，这也是齐国文化发展的一个重要特点。稷下学宫是从事教育、咨询政治的特殊机构，也是研究学术、百家争鸣的重要场所。它不是独尊哪一家、哪一派，而是容纳了儒、法、道、墨、阴阳、名家等众多的学术派别。各派都有自己的代表人物。例如儒家有孟子、荀子，法家有慎到，道家有彭蒙、田骈、环渊，墨家有宋饼、尹文，阴阳家有邹衍、邹奭，名家有儿说、田巴等。各派都能著书言治、立论授徒，树家之言。据史书记载：在学宫定期举行的集会上，持各种学术观点的人畅所欲言，各抒己见。他们之间展开争辩，各不相让。齐国历史上曾出现大批卓越的思想家、科学家，他们也记载了齐国文化的成就并表现了齐国文化的特点。管仲富国强民的思想是桓公时治国的根本方针，涉及法制、财政、技术等各个方面。晏婴在齐景公时为相，主张薄赋敛，省刑罚，"以节俭力行重于齐"，其思想对于齐国的兴衰亦有着举足轻重的作用。管子和晏婴，以及齐国的大部分思想家都是学兼各派的，他们具有广博的知识，而他们的知识又是务实的，不离治国的实践。

齐国的地理位置为文化的开放提供了方便。齐国依山傍海，且地域广

稷下学宫

阔,"南有泰山,东有琅琊,西有清河,北有渤海……地方二千里。"发展多种经济有着广阔的天地。齐国地处沿海,为发展工商业提供了海上交通贸易之便。齐国的开放经济,造就了一批具有民主色彩的统治者。他们是春秋时期的商业奴隶主,后来战国时期转化为地主阶级,成为商业封建主。这些人的思想有较多的民主性,他们重视人才,允许学术思想自由发展,因而对齐国文化的发展产生决定性影响。例如《战国策》中记载的《邹忌讽齐王纳谏》之事,邹忌敢于当面讽喻齐威王,说明威王具有开明君主的风度,而威王接受了邹忌的讽谏,下令:"群臣吏民,能面刺寡人之过者,受上赏;上书谏寡人者,受中赏,能谤讥于市朝,闻寡人之耳者,受下赏"更表现了广开言路,听取不同意见的襟怀。齐国的统治者为了称霸和统一中国,广罗人才,多方征求有利于自己统治的理论和意见,威王、宣王时,稷下学宫形成鼎盛局面,学宫内人才济济,学术思想十分活跃。这也说明统治者的思想及所实行的政策对文化发展有很重要的作用。

注释:
①毋曰不同生(姓),远者不听;毋曰不同乡,远者不行;毋曰不同国,远者不从。听,是听取;行,是采用;从,是依从或实行。三句话的意思是说:不要因为不同姓,不听取外姓人的意见;不要因为不同乡,不采纳外乡人的办法;诸候国不要因为不同国,而不听从别国人的主张。
②俗之所欲,因而予之,俗之所否,因而去之:百姓需要,就尽量满足他们;百姓不喜欢的,要因此取消它。说明为政者应顺民心。俗:世俗,此指百姓。欲:想要,需要。

故事链接

宁戚:字越,春秋时期莱棠邑人,一说是卫国人。早年怀经世济民之才而不得志,以家贫为人挽车。宁戚想要到齐桓公那里去求取官职,因为穷困无法接近齐桓公，受雇替商人赶车到齐国去，夜晚就在城门之外住宿，齐桓公到郊外迎接客人，夜晚打开城门，所有赶车者都得回避，跟随齐桓公的人很多，而且都拿着明亮的火把。宁戚在车前给牛喂食，看到齐桓公就敲打着牛角，唱着很悲伤的歌曲。齐桓公听见后，走下车说："奇怪啊，这个唱歌的人是非一般之人啊。"齐桓公于是命令，用后面的车子装载一同回朝。齐桓公回到朝廷，手下人向他请示如何处置宁戚。齐桓公说："赏赐给他官衣官帽，我将接见他。"宁戚见到齐桓公，游说齐桓公统一四境；第二天再见，更劝说齐桓公统一天下。齐桓公非常高兴，将重用宁戚。群臣们都纷纷劝齐桓公说："宁戚是卫国人，离我们齐国只有五百里路，不是很远，不如我们派人去打听打听他的情况，如果他确实是个贤能的人，再重用他也不为晚。"齐桓公说："不可这样，打听可能会听到一些小毛病，因为小毛病，而忘记人家的主要美德，这就是君主往往错失天下人才的原因。况且一个人很难十全十美，治政只用他的长处即可。"于是就提拔重用了宁戚，授给他卿相的大官。此举为齐桓公赢得了天下的人心。

讨论交流

阅读课文，小组讨论交流：齐文化的开放精神表现在那些方面？开放精神形成的原因有那些？

拓展活动

大家了解了齐文化的开放精神，在德育课上，大家也了解了当今中国的开放国策，对开放的重大意义一定会有更加深刻的认识，请你写一篇精炼的文章，把自己对我国对外开放这一基本国策的认识表达出来。

参考文献：《齐文化大观》

第29课 因地制宜的务实精神

中国传统文化中有着丰富的务实思想，其中，齐文化的务实精神更是绚丽夺目。所谓务实，就是从实际出发，因地制宜，脚踏实地，因时而动。在齐文化发展的三个时期中，从初期的姜太公，到中期的管仲、晏婴，直到后期的稷下学宫，务实精神以一贯之。

太公从齐国实际出发，制定了优先发展工商经济的战略，从而为后来齐国商业的发展奠定了基础

姜太公建立齐国后，面对当时齐国地薄、人少、国贫、临海的实际情况，从实际出发，制定并推行了"通工商之业，便渔盐之利""因其俗，简其礼"的治国方针，优先发展工商经济，尤其是发展丝织业，极女工之利，大力发展渔盐业，增加财政收入，结果，"人民多归齐，齐为大国。"姜太公从实际出发，制定了优先发展工商经济的战略，从而为后来齐国商业的发展奠定了基础。充分尊重东夷族的文化传统，将当地风俗习惯和官方礼制"周礼"有效地整合起来，由于姜太公的治国方略顺民心，合民意，符合客观实际，所以齐国的局面很快稳定下来，仅一年姜太公就向周武王报了政。

桓管改革也是立足于齐国的社会实际，体现务实精神

春秋时期，齐国的经济环境发生了变化，疆域扩大了，土壤也改良了，农业发展的条件基本成熟了。桓管君臣根据变化了的情况，又制定了大力发展农业的方针，进行了诸如"井田畴均""相地衰征""勿夺农时"一系列改革，把农业与工商业同视为重要的经济基础。齐桓公之所以能首霸诸侯，其主要原因就在于他能从实际出发，因地制宜地进行了成功的改革。从政治上看，他们采取了尚贤任能的主张，尤其是颁布三选法，严格选拔人才的标准，把真正合格的人才充实到各级岗位上去，使不同的人各尽其才、各尽其能。从经济上看，他们又在继承太公重工商的基础上对工、商、农等的关系进行了区别,为齐国首霸春秋奠定了雄厚的物质基础。从军事方面看,更是根据当时战争发展的具体态势,从齐国的具体情况出发提出了至善不战以谋略胜敌的主张,最终取得了九合诸侯一匡天下的成果。在外交上所采取的尊王攘夷的策略,同样是当时齐国国内外现实相结合的产物。

战国时期,齐国工商业一度出现了畸型发展趋向,破坏了齐国经济良性发展的秩序。这时齐国统治者和思想家们又提出了"重农抑商"的主张。这些经济政策的调整都是合乎实际的。再如:历经商周鼎革,春秋巨变,到战国时期,人民所起的作用越来越大,民本思想已然成为强大的潮流。在这样的形势下,齐国的开明政治家和思想家们提出了政顺民心的主张。凡此无不体现了齐文化的务实精神。

齐国务实精神的主要特点

遵天时,就地利。

其一,把天理解为自然之天。姜太公不信鬼神天命,反对迷信,力排众议,辅佐武王取得伐纣的胜利,从理论和实践上否定了天之至上权威,开齐文化无神论思想之先河。管仲以太公无神论思想为基础,撕碎天之神秘外衣,率先从理论上恢复了天之自然本性。其二,看到了自然界的规律性。管子认为本性自然的天是按其固有规律运行的,"天不变其常,地不易其则,春秋冬夏不更其节,古今一也。"[①](《管子·形势》)这种"古今一贯"的规律是不依人的意志为转移的。而且它"藏之无形",只有用心求索,才能真正把握它。其三,抢时机,重时效。因为天时不能违,由此太公、管仲就有了鲜明的抢时机、重时效行为。

因民俗,尚功利。

民俗具有相对稳定性,不是一朝一夕所能形成的,也不是一朝一夕所能改变的。根据这一特点,齐自太公始就形成了因民俗的传统。建国之初在如何对待夷地风俗问题上,太公实行了"因其俗,简其礼"的方针。这种明智、务实的做法，尊重、顺从了当地人的风俗习惯，得到了东夷人的拥护。管仲继承了太公因民俗的传统，提出了"俗之所欲，因而予之；俗之所否，因而去之"的理论。晏婴的民俗理论既有继承又有变革，他向齐景公提出了"一民同俗"的重要策略，认为明王教民的方法在于尊重民习，顺应民俗。晏婴根据齐之民俗现状做了诸多恰如其分的改革，针对齐国当时虽实无积蓄，却仍要华服、丽室、豪居的世风，他主张尚节俭以移侈；面对上层权贵贪婪、腐化、厚敛百姓、勾心斗角的风气，他倡导尚清廉以抑贪；鉴于齐景公对民暴虐无礼，他提出尚礼让谦恭以制暴。在晏子的极力倡导和身体力行下，齐国社会风气大为好转。

讲道法，重形势。

以慎到[2]、田骈为代表的稷下黄老学派认为，任何事物都有其内在的规律性，"道"或"天道"便是他们用来称谓规律的哲学范畴。规律是不依人的意志为转移的，因此，他们认为"道"不可违。"势"，乃客观事物的发展趋势。《管子》中的《形势》《形势解》《势》三篇记述了管仲对"势"的见解，告诉人们，"势"即事物发展的态势、趋势，凭借"势"可以使事业有成。"势"对事物的发展关系重大。

慎到像

注释：

①天不变其常，地不易其则，春秋冬夏不更其节，古今一也：天不改变它的常规，地不改变它的法则，春秋冬夏不改变它的节令，从古到今都是一样的。

②慎到：(约公元前395年至约公元前315年)，先秦法家代表人物之一。赵国人，早年曾"学黄老道德之术"，后来成为法家重要代表人物。是从道家分化出来的法家。他长期在齐国稷下讲学，对法家思想在齐国的传播起过重大作用。

齐文化务实思想与今天的"实事求是"

齐文化的务实思想包含从天时、地利、人事的实际出发，按客观规律办事，因势利导等朴素唯物主义的思想因素，这在当时是难能可贵的，对后来也具有重要的借鉴意义。

讨论交流

姜太公是怎样务实制定国策的？管仲的哪些言论体现了务实精神？齐文化务实精神的主要内容是什么？

拓展活动

国家、单位、个人制定方针政策和各种计划时，都必须从实际出发。想一想，你怎样立足于实际，制订个人成长计划？

参考文献：《齐文化大观》

第30课 兼容并蓄的包容精神

包容就是宽容和容纳，是指以宽阔的胸怀容纳不同的人和事物。它不仅表现为海纳百川、雍容大度的器量和胸襟，也表现为博采众长、兼容并包的思维方式和精神境界，还表现为一个民族、一个地区、一个城市尊重差异、包容多样、和谐共生的文化特质和独特品格。因为包容，才呈现出丰富感和多样性；因为包容，才具有巨大的凝聚力和吸引力；因为包容，发展才拥有特殊的优势和源源不绝的动力。

齐文化不仅在政治、经济层面，而且在思想、学术方面都体现了包容精神。

姜太公在建齐之初所推行的"因其俗、简其礼"的文化政策是包容精神的最先体现

所谓"俗"，指"夷俗"，即当时当地东夷人的生活方式；所谓"礼"，指"夷礼"，即当时当地东夷人的礼仪制度；所谓"因其俗，简其礼"就是尊重东夷人的文化传统。东夷齐地素有尚武、重仁等传统，东夷土著人具有不同于其他地区的性格特征和风俗习惯，太公认为，如果在齐地强力推行周礼，容易产生民族矛盾，不利于治国安邦。经过再三斟酌，他决定从齐地实际出发，从俗简礼，不强制干涉，且务实地创造了既让齐民乐于接受，又不太悖周礼的新制。这样，既赢得了民心，又调动起齐民兴齐建国的积极性。历史证明，姜太公"平易近民""以俗治国"的治国方略极具包容精神，促进了周文化与东夷文化的融合，为齐文化的勃兴做出了卓越的贡献。

最能体现齐文化包容精神的莫过于设立稷下学宫

稷下，本意稷门附近。稷门，是先秦齐国国都临淄的城门之一。据历史文献记载，战国时期，齐国当权者在稷门附近设立了一所规模宏大的学宫，招揽天下饱学之士前来讲学授徒、著书立说，这便是稷下学宫。稷下学宫具有学术和政治的双重性质，它既是一个官办的学术机构，又是一个官办的政治顾问团体。

稷下学宫创建于齐桓公、齐威王时期。齐宣王在位时期，稷下学宫达到其鼎盛阶段。多时可达数百千人。当时稷下学宫聚集了各家各派的学者，既有儒家、道家、法家，也有阴阳家、兵家、墨家等，各家学派、各路学者云集临淄，讲学授徒，著书立说，连孔子也到临淄来，听了韶乐三月不知肉味。稷下学宫内可以说是学派林立，派中有派。他们在学宫中自由讲学、辩论。稷下诸子百家，由于阶级、阶层、政治倾向、地域文化、心理结构、思维方式、价值观念等方面的差异，各有其独特的政治、经济、伦理、哲学思想，各有其理论重心、学术动机与目的。然而，无论稷下诸子持有何种学说，是否适合统治阶级的现实政策需要，都能在稷下存在、发展。当时，凡到稷下学宫的文人学者，无论其学术派别、思想观点、政治倾向，以及国别、年龄、资历等如何，都可以自由发表自己的学术见解，从而使稷下学宫成为当时各学派荟萃的中心。这些学者们互相争辩、诘难、吸收，成为真正体现战国"百家争鸣"的典型。更为可贵的是，当时齐国统治者采取了十分优礼的态度，封了不少著名学者为"上大夫"，并"受上大夫之禄"，即拥有相应的爵位和俸养，允许他们"不治而议论""不任职而论国事"。各种理论学说在这种宽松的文化、社会环境中，共存并立，百花齐放，竞相争高。

稷下学宫是齐国君主咨询问政及稷下学者议论国事的场所。齐国执政者不惜财力物力创办稷下学宫，实行各种优惠政策，招揽天下有识之士，其根本目的就是为了利用天下贤士的谋略智慧，为其完成富国强兵、争雄

天下的政治目标服务。齐王向稷下学者咨询国事、天下事，使得稷下学者发挥了智囊团的作用，稷下学宫也因此成为一个政治咨询中心。稷下学宫又具有培养人才、传播文化知识的性质，被后人称为"田氏封建政权兴办的大学堂""齐国的最高学府"。稷下学者总是针对当时的热点问题阐述政见。他们学识渊博，长于分析问题，在表述上旁征博引，穷尽事理，具有一定的理论性和学术性。

齐国包容精神的历史作用　　郭沫若高度评价说："这稷下之学的设置，在中国文化史上实在有划时代的意义……发展到能够以学术思想为自由研究的对象，这是社会的进步，不用说也就促进了学术思想的进步。""周秦诸子的盛况是在这儿形成的一个最高峰的。"（郭沫若《十批评书·稷下黄老学学派的批判》）包容精神推动了齐国思想的自由与开放，而思想的自由与开放又促进了文化的繁荣。在学术自由的环境中，稷下先生冲破旧传统的思想束缚，敢于探求和创新的精神得到发扬，大大促进了学术的发展。各家各派的著作如雨后春笋般涌现出来。各种观点纷然并存，各种针锋相对的辩论时有发生，这就形成了"百家争鸣"的错综复杂、异常活跃的局面。春秋战国"百家争鸣"的出现，对我国古代学术思想的繁荣有重要的作用。它是我国学术思想史上一个重要的发展阶段。稷下学宫的创建与发展，在中国文化发展史上树起了一座丰碑，开创了百家争鸣的一代新风，促成了中国历史上第一次思想大解放、学术文化大繁荣的黄金时代的到来；同时，稷下学开启秦汉文化发展之源，对秦汉以后文化的发展与繁荣产生了深远影响。稷下学宫开我国文化史百家争鸣之先河，为我国文化事业的继往开来做出了巨大的贡献。

注释：
兼容并蓄：把不同内容、不同性质的东西收下来，保存起来。

知识链接

儒家：又称儒学思想，是崇尚等级制度和用三纲五常来维护统治的学说，是中国古代最有影响的思想学派。代表人物有孔子、孟子等。

法家：是中国历史上提倡以法制为核心思想的重要学派，法家在春秋战国时期提出富国强兵、以法治国。是中国古代提倡以法制为核心思想的重要学派。法家主要代表人物有商鞅、韩非子，主张社会变革、强化法制。

道家：春秋时期，老子集古圣先贤之大智慧。总结了古老的道家思想的精华，形成了"无为无不为"的道德理论，道家以"道"为核心，认为天道无为，主张道法自然，提出无为而治、以雌守雄、以柔克刚、刚柔并济等政治、军事策略，具有朴素的辩证法思想。

墨家：约产生于战国时期。创始人为墨翟（墨子）。前期思想主要涉及社会政治、伦理及认识论问题，关注现世战乱，后期墨家在逻辑学方面有重要贡献，开始向科学研究领域靠拢。主张人与人之间平等地相爱（兼爱），反对侵略战争（非攻）。重视文化传承（明鬼），掌握自然规律（天志）。

讨论交流

1. 联系姜太公的治国方略，谈谈其中的包容精神。
2. 和同学展开讨论，交流诸子百家不同的观点，思考一下，齐国包容不同的流派，形成百家争鸣的局面，对齐国文化的发展起到了什么作用？

拓展活动

学习了齐文化的包容精神，对"包容"有了更深的认识。紧密联系社会实际和自己的思想实际，想一想，在学习和生活的各个方面，我们应该怎样体现包容精神？

参考文献：《齐文化大观》

活动与探究　齐文化对后世的影响概述

齐文化作为中华民族传统文化的重要组成部分,不仅在我国古代社会产生过重大影响,而且它的许多优秀成分已经超越了时空,历久弥新。主变合时的革新精神、海纳百川的开放精神、因地制宜的务实精神、兼容并蓄的包容精神,到今天都闪耀着光辉,在建设现代化、实现中华民族伟大复兴的今天,博大精深的齐文化依然有许多启迪和借鉴意义。齐文化中的代表人物,如姜太公、齐桓公、管仲、晏婴、司马穰苴、孙武、齐威王、孙膑、淳于髡等,为数众多,且对当时乃至以后社会的发展都做出重大的贡献。正是这些留名青史的齐文化杰出人物在勤政安民、富国强兵、尊王攘夷、争霸称雄的实践活动中,大胆探索,勇于开拓,才逐渐形成了具有变革性、开放性、务实性、多元性、智慧性、开明性、思辨性等诸多鲜明特色的齐文化,并使其在灿烂的中华民族传统文化中占据着重要位置。

下面就以同学们非常感兴趣的足球为例,我们来做一个有益的探究。

足球是当今世界上最具神奇魔力的体育运动,是世界上公认的第一大运动,据不完全统计,现在世界上经常参加比赛的球队约八十万支,登记注册的运动员约四千万人,其中职业运动员约十万人,全球有狂热足球迷达八亿人,世界杯期间观看人数达二十亿人次,全球从事足球产业的达一亿人,其影响遍及全球。作为世界第一运动的足球,就起源于齐国。

一　活动目标

通过探究足球的发展历史,学生全面认识这项充满趣味性、集体性、竞技性的体育项目,并了解我国对这项古老的体育运动所作出的贡献,激发学生强烈的爱国情感和热爱足球、积极参与足球运动的热情,养成自觉锻炼、终生体育的良好习惯。

二　活动内容

- ◆ 探究足球发展历史。
- ◆ 蹴鞠的主要踢法有哪几种？
- ◆ 我国现代足球的发展状况。
- ◆ 对校园足球发展提出几条建议。

三　活动建议

- ◆ 在课前通过上网或查阅资料，了解足球的起源及足球的发展状况，形成文字，准备课上交流。
- ◆ 通过网上视频或是课外学习的方式了解"蹴鞠"的几种踢法，并在专门的时间观摩实战演习。
- ◆ 学生通过调查、研究的方式了解现代足球的发展状况，针对我国足球现状提出自己的建议。
- ◆ 学生通过自己的亲身实践，或是调查、研究，对中学生校园足球运动提出几条合理化建议，在班上交流。

古代蹴鞠

> 活动延伸：

课外参与几场足球比赛运动，写出比赛感悟，在班内交流。（要求在500字左右）

参考文献：

邵先锋："光明日报"1999年3月5日

编后语：

为落实教育部《完善中华优秀传统文化教育指导纲要》精神，由宋爱国同志倡导和发起，张成刚同志积极推进，组成了《中华传统文化——走进齐文化》编委会，编写了本书，旨在使广大中小学生通过对齐文化的学习和了解，感悟齐文化的丰富多彩和博大精深，激发热爱齐文化的情感，提高对齐文化的认同度，从而探究齐文化，发掘齐文化，弘扬和光大齐文化，共建中华民族文化的精神家园。

徐广福拟定《〈中华传统文化——走进齐文化〉编写大纲》，确立了编写的指导思想、编写的原则、编写的思路、编写的体例、编写的内容和编写的目录；李德刚、吴同德、于建磊负责分册编写的组织、统稿、审稿和修订工作；王鹏、朱奉强、许跃刚、李新彦多次组织相关会议，推动了本书的编写工作；各分册的编写人员尽心竭力，按时完成了编写任务。

本书在项目论证、具体编写、审稿修订的过程中，得到了社会各界的帮助。齐文化专家宣兆琦教授对本书的编写纲要提出了很好的意见和建议；临淄区齐文化研究中心、齐文化研究社鼎力相助，宋玉顺、王金智、姜建、姚素娟、王景甫、王本昌、王方诗、邵杰、胡学国、王毅等专家给予了热情指导和真诚帮助，在此表示衷心感谢！

我们还要感谢试用本书的广大师生和读者。限于时间和水平，本书难免会存在一些问题，希望在试用过程中，及时把意见和建议反馈给我们，以便我们进一步改进和优化，提高本书的内涵品质。

《中华传统文化——走进齐文化》编委会

2023年2月